Pílulas
Mágicas
para o sucesso

Meiry Kamia

Pílulas Mágicas *para o sucesso*

Como aumentar a AUTOCONFIANÇA e construir uma MARCA POSITIVA no trabalho

ALTA BOOKS
E D I T O R A
Rio de Janeiro, 2017

Pílulas Mágicas para o Sucesso
Copyright © 2017 da Starlin Alta Editora e Consultoria Eireli. ISBN: 978-85-508-0050-9

Todos os direitos estão reservados e protegidos por Lei. Nenhuma parte deste livro, sem autorização prévia por escrito da editora, poderá ser reproduzida ou transmitida. A violação dos Direitos Autorais é crime estabelecido na Lei nº 9.610/98 e com punição de acordo com o artigo 184 do Código Penal.

A editora não se responsabiliza pelo conteúdo da obra, formulada exclusivamente pelo(s) autor(es).

Marcas Registradas: Todos os termos mencionados e reconhecidos como Marca Registrada e/ou Comercial são de responsabilidade de seus proprietários. A editora informa não estar associada a nenhum produto e/ou fornecedor apresentado no livro.

Impresso no Brasil — 1ª Edição, 2017 - Edição revisada conforme o Acordo Ortográfico da Língua Portuguesa de 2009.

Obra disponível para venda corporativa e/ou personalizada. Para mais informações, fale com projetos@altabooks.com.br

Produção Editorial Editora Alta Books	**Gerência Editorial** Anderson Vieira	**Marketing Editorial** Silas Amaro marketing@altabooks.com.br	**Editor de Aquisição** José Rugeri j.rugeri@altabooks.com.br	**Vendas Atacado e Varejo** Daniele Fonseca Viviane Paiva comercial@altabooks.com.br
Produtor Editorial Claudia Braga Thiê Alves	**Supervisão de Qualidade Editorial** Sergio de Souza		**Vendas Corporativas** Sandro Souza sandro@altabooks.com.br	
Produtor Editorial (Design) Aurélio Corrêa	**Assistente Editorial** Renan Castro			**Ouvidoria** ouvidoria@altabooks.com.br
Equipe Editorial	Bianca Teodoro	Christian Danniel	Illysabelle Trajano	Juliana de Oliveira
Revisão Gramatical Edite Siegert Luciano Gonçalves	**Layout e Diagramação** Luana Silva	**Capa e Ilustrações** Aurélio Corrêa		

Erratas e arquivos de apoio: No site da editora relatamos, com a devida correção, qualquer erro encontrado em nossos livros, bem como disponibilizamos arquivos de apoio se aplicáveis à obra em questão.

Acesse o site www.altabooks.com.br e procure pelo título do livro desejado para ter acesso às erratas, aos arquivos de apoio e/ou a outros conteúdos aplicáveis à obra.

Suporte Técnico: A obra é comercializada na forma em que está, sem direito a suporte técnico ou orientação pessoal/exclusiva ao leitor.

Dados Internacionais de Catalogação na Publicação (CIP)
Vagner Rodolfo CRB-8/9410

K15m   Kamia, Meiry, 1973-
       Pílulas mágicas para o sucesso: como aumentar a autoconfiança e construir uma marca positiva no trabalho / Meiry Kamia. - Rio de Janeiro : Alta Books, 2017.
       272 p. : il. ; 17cm x 24cm.

       Inclui bibliografia.
       ISBN: 978-85-508-0050-9

       1. Mercado de trabalho. 2. Empregabilidade. I. Título.

       CDD 331.120
       CDU 331.5

Rua Viúva Cláudio, 291 — Bairro Industrial do Jacaré
CEP: 20970-031 — Rio de Janeiro - RJ
Tels.: (21) 3278-8069 / 3278-8419
www.altabooks.com.br — altabooks@altabooks.com.br
www.facebook.com/altabooks

SUMÁRIO

INTRODUÇÃO...ix

1. Pílulas Mágicas para VENCER xii

Hábitos para Enriquecer 3

Assuma a Liderança de sua Vida! 11

Construa sua Marca Pessoal.. 15

Utilize as Redes Sociais Como Ferramenta de Marketing Pessoal.......... 21

Como Concretizar Metas... 25

Como Aumentar a Produtividade no Trabalho........................... 29

Como Controlar a Ansiedade em Apresentações no Trabalho.............. 33

Liberte-se da Timidez... 37

A Importância do Autocontrole Para o Sucesso Profissional 41

Você É Autoconfiante no Trabalho?.................................... 45

A Importância da "Presença" no Atendimento ao Cliente................. 49

Empregabilidade em Tempos de Crise................................. 53

Cuidados na Elaboração do Currículo................................. 59

Erros que Devem Ser Evitados no Primeiro Emprego 63

2. Pílulas Mágicas para CRESCER 66

O Poder do Sorriso 69

Você É Exigente Demais? 73

Aprenda a Diferenciar: Prioridade e Urgência.......................... 77

Você Perde a Motivação Para o Trabalho Com Facilidade?............... 79

O Poder Criador das Atitudes 83

Dicas para um Feedback Construtivo.................................. 87

Namoro na Empresa: Pode ou Não Pode? 91

Problemas que Não Devem Ser Levados à Chefia 95

Carreira: Responsabilidade da Empresa ou do Funcionário? 99

Fuja das "Panelinhas" no Trabalho 103

A Importância do Happy Hour... 107

"Reclamões" no Trabalho 109

Como Lidar Com Funcionários Difíceis.. 113

3. Pílulas Mágicas para SUPERAR.................................... 116

Síndrome de Burnout: o Estresse do Trabalho 119

Como Lidar com a Frustração 123

Como Lidar com Mudanças.. 127

Prejuízos que a Raiva Traz ao Trabalho.. 129

Medos que Paralisam o Mundo Corporativo... 133

Medo do Desemprego? 137

Meu Chefe me Odeia 143

Síndrome do Impostor 147

Trabalhando com o Inimigo.. 151

Como Lidar com a Inveja no Trabalho 155

Perfis que Mais Atrapalham as Empresas 159

Como Lidar com a Falsidade no Trabalho 165

Por Trás da Arrogância 167

Como Lidar com o Cliente Insatisfeito 171

4. Pílulas Mágicas para REFLETIR 172

O Emprego do Futuro 175

Qual É o Melhor Tipo de Empresa Para se Trabalhar?.......................... 179

O Perigo das Metas Inatingíveis 183

Dez Comportamentos Que Prejudicam a Carreira 187

Culpas Maternas 191

Elogios Que Atrapalham 195

Diferencial Feminino no Mercado de Trabalho 199

Existe Igualdade no Ambiente de Trabalho? 203

Mentiras no Trabalho 207

O Jeitinho Brasileiro de Trabalhar 211

Emoções e Desempenho no Trabalho 217

5. Pílulas Mágicas para INSPIRAR 220

Pilares do Sucesso 223

O Poder da Transformação 229

O que Deixar Para Trás 233

Tire Férias...Trabalhando! 235

Conheça o Significado das Doenças 239

Coisas que a Morte Ensina 243

Quando os Filhos se Recusam a Amadurecer 247

Xô, "Síndrome do Ano Novo" 251

O Poder do Desapego 255

REFERÊNCIAS BIBLIOGRÁFICAS 258

INTRODUÇÃO

Olá querido leitor! Sinto-me muito feliz por estar em contato com você através desse livro.

Aqui você encontrará uma coletânea de textos com temas variados relacionados ao comportamento humano nas organizações, que podem ser lidos aleatoriamente, sem necessidade de seguir a ordem dos capítulos. Os textos são curtos, de fácil leitura, para ampliar o autoconhecimento, melhorar seus relacionamentos interpessoais e seu desempenho no trabalho. Você terá dicas práticas, como verdadeiras pílulas, cada uma adequada a determinada situação, que te ajudarão a enfrentar de forma positiva os mais diversos desafios.

O livro parte do pressuposto de que o dinheiro, por si só, não é sinônimo de sucesso. O dinheiro deve ser consequência do seu sucesso. Sucesso significa alcançar os objetivos determinados por você mesmo em diversas áreas da sua vida incluindo saúde, bons relacionamentos pessoais e amorosos, espiritualidade, um trabalho gratificante, que *gere* bem estar para você e que seja útil para outras pessoas, que te traga **um** *bom* retorno financeiro, conquistas, etc. Enfim, sucesso é ter uma vida saudável e feliz. Porém, antes d0e ter sucesso é preciso ter um espírito vencedor, pois é esse espírito que conduzirá a ação firme e motivada. Qualquer ação realizada com base na dúvida ou insegurança, certamente será uma ação fadada ao fracasso.

As "Pílulas para VENCER" servirão para fortalecer seu espírito vencedor, ajudando-o a assumir as rédeas da sua vida rumo à prosperidade. Você aprenderá a libertar-se da timidez para mostrar e desenvolver o seu talento sem o julgamento do seu crítico interno e das pessoas. Também verá que o desenvolvimento do autocontrole é imprescindível para o sucesso. Aprenderá a controlar seus impulsos, e não reagir de forma impensada, causando danos ao trabalho e aos relacionamentos. Autoconfiança e uma boa imagem profissional também fazem parte do espírito vencedor. Entretanto, você também verá que é necessário haver coerência entre a imagem que você faz de si mesmo e as ações que realiza, portanto, aprenderá também a produzir uma imagem profissional positiva, coerente, sólida, e que deixe uma marca positiva por onde você passar, independente do trabalho que esteja realizando no momento.

Um profissional de sucesso não é aquele que diz para todos 'o quanto ele é bom', mas sim, aquele que é desejado e disputado pelas empresas por conta dos resultados que produz.

Desde a descoberta da internet o mundo corporativo sofreu uma drástica mudança nas relações de trabalho. De capacitação — que era o conhecimento específico para ocupar um posto de trabalho — evoluímos para o modelo de competências, que além dos conhecimentos técnicos necessários, habilidades específicas e um "querer fazer", ainda inclui a entrega de um bom trabalho mesmo diante de cenários negativos. Sendo assim, o funcionário ganhou maior responsabilidade, mas ao mesmo tempo, maior autonomia no trabalho. Seu conhecimento e suas boas ideias passaram a ser valorizadas e desejadas pelas empresas, e o funcionário ganhou maior poder de negociação com as mesmas. Hoje o bom funcionário é dono de sua própria carreira, é disputado por várias empresas, e tem o poder de escolher trabalhar com (e não "para") determinada empresa.

As empresas, por sua vez, também sofrem pressão desse mercado cada vez mais competitivo, e não é à toa que buscam profissionais comprometidos com suas causas, que demonstrem responsabilidade, automotivação, capacidade de planejamento e realização para enfrentarem os desafios do mercado.

As "Pílulas para CRESCER" são dicas de como desenvolver comportamentos desejados pelas empresas, tais como: boa produtividade, automotivação e imagem profissional positiva para um bom atendimento aos clientes. Além disso, também traz dicas de como crescer como profissional, tornando-se empregável, ou seja, desejável para as empresas.

As "Pílulas para SUPERAR", por sua vez, mostram como enfrentar estados emocionais negativos que sabotam o sucesso, tais como: Ansiedade, pensamentos catastróficos, medos, baixa autoestima, temperamento explosivo, entre outros. Seu grande inimigo está dentro de você. Muitas vezes, de forma inconsciente, você projeta no mundo externo estados de espírito que estão dentro de você, de modo que, se você alimenta medo demais em sua mente, a tendência é que você enxergue mais problemas do que oportunidades. E a única forma que você tem de escapar de ciclos de autossabotagem e pessimismo é através da consciência, ou seja, somente conhecendo o mecanismo de sua mente é que você saberá como lidar com ela. Em outras palavras, não há como mudar o funcionamento de uma máquina se você não tem a mínima noção de como ela funciona, não é mesmo?

Já as "Pílulas para REFLETIR" trazem uma coletânea de textos variados, que têm o objetivo de trazer reflexões sobre diversas questões do dia a dia, mas que raramente paramos para pensar sobre: o que fazer quando seu filho, já adulto, insiste em se comportar como criança, e ainda se recusa a trabalhar ou estudar? Como lidar com as mentiras no ambiente de trabalho? Você sabia que elogios demais podem atrapalhar o desempenho escolar do seu filho? Trabalhar fora ou ser mãe: como encarar esse conflito? Esses são alguns dos temas que você encontrará nesse capítulo.

Por fim, as "Pílulas para INSPIRAR" transcendem questões da vida cotidiana e abrem nossas mentes para o desenvolvimento de aspectos mais sutis como a capacidade de transformar estados mentais e emocionais negativos em positivos. Os textos ajudam a compreender a relação entre pensamentos e emoções, e seus impactos sobre a saúde ou doença, e também dão dicas de como você pode criar estados positivos para si mesmo e ser feliz.

Espero que aproveite a leitura, que as dicas sejam úteis, e caso tenha sugestões de novos temas, ou perguntas, envie-nos através do e-mail: atendimento@meirykamia.com ou pelo site www.meirykamia.com, que responderemos através do nosso CANAL INTERATIVO no YouTube. Inscreva-se: www.youtube.com/user/MeiryKamia

Grande beijo,

Meiry Kamia

Pílulas Mágicas para Vencer

“ Pílulas para construir uma marca positiva no trabalho, aumentar a autoconfiança e sair na frente na corrida rumo à empregabilidade. ”

HÁBITOS PARA ENRIQUECER

Você sabia que os hábitos diários podem ser a chave que diferencia os ricos e os pobres? É o que afirma Tom Corley, autor do livro "Change your habits, change your life". Segundo ele, 88% dos milionários americanos fizeram fortuna por si mesmos, ou seja, não herdaram a fortuna. E 80% deles só se tornaram milionários após os 50 anos.

Durante esse período, essas pessoas investiram seu tempo e energia realizando ações diárias de melhoria contínua buscando desenvolver seus cérebros e inteligência. Tais ações como leitura, exercícios físicos, entre outros, viraram hábitos positivos, que acabavam por aumentar e fortalecer as conexões neurais existentes e criar novas conexões neurais.

Corley passou cinco anos observando e documentando os hábitos diários de 233 pessoas que se tornaram milionárias e 128 pessoas que viviam na pobreza, e chegou a uma lista de hábitos que determinavam a riqueza ou pobreza das pessoas.

Segundo o autor, 40% das nossas ações, pensamentos e escolhas diárias são hábitos. Estes, por sua vez, são adquiridos por meio de nossos pais, familiares, amigos, cultura, educação escolar, etc. Hábitos são poderosos porque são inconscientes, difíceis de mudar e são acionados por gatilhos psicológicos que tornam os comportamentos automáticos. O livro "O poder do hábito", de Charles Duhigg, descreve diversos experimentos e exemplos de como os nossos cérebros criam e se condicionam aos ciclos dos hábitos e como a indústria utiliza-se desses circuitos para nos manter comprando, e comprando e comprando, mesmo quando não temos necessidade.

O lado bom da história é que os hábitos podem ser modificados, mas isso requer consciência dos mesmos e a substituição de hábitos de pobreza pelos hábitos de riqueza.

Conheça agora os principais hábitos identificados por Corley, que diferenciam ricos e pobres e que podem, definitivamente, mudar a sua vida:

1. Hábitos relacionados a cuidados com a saúde

■ BEBIDA ALCÓOLICA: 84% dos ricos bebem pouco, menos de dois copos de álcool por dia. Enquanto 54% dos pobres consomem diariamente mais de dois copos de cerveja, vinho ou outra bebida alcoólica. E pior, 60% dos pobres ficam bêbados pelo menos uma vez por mês.

Beber demais interfere nos receptores cerebrais, causando falhas nas sinapses, ou mesmo impedindo-as, afetando negativamente a memória e a capacidade de pensar claramente.

■ DORMIR BEM E ACORDAR CEDO: 89% dos ricos organizavam seus horários para poderem dormir 7h ou mais horas por dia. 44% dos ricos acordavam três horas antes de trabalhar, nesse período realizavam diversas atividades de forma a não comprometer o horário de trabalho.

Durante o sono, nosso cérebro continua trabalhando, processando e armazenando informações importantes adquiridas durante o dia. Dormir menos do que o necessário prejudica as funções mentais, a capacidade de concentração e o acesso às informações armazenadas. Noites mal dormidas afetam negativamente o raciocínio, tornando-o mais lento e com dificuldade para absorver novas informações.

■ PRÁTICA DIÁRIA DE EXERCÍCIOS FÍSICOS: 76% dos milionários realizavam diariamente algum tipo de exercício aeróbico por dia por, pelo menos, 30 minutos. Enquanto 77% dos pobres não praticavam nenhum tipo de exercício físico.

Segundo dr. John J. Ratey e Eric Haberman, autores do livro "Corpo Ativo, Mente Desperta", exercícios cardiovasculares de alta intensidade melhoram as funções cerebrais, oxigenam o cérebro, elevam o número de neurotransmissores, criam novos vasos sanguíneos, geram novas células e criam novas e mais complexas conexões sinápticas. Em outras palavras, eles facilitam o aprendizado e sim, tornam as pessoas mais inteligentes!

O sedentarismo, por sua vez, além de privar dos benefícios cerebrais, ainda expõe a pessoa a outros problemas de saúde como hipertensão, obesidade, problemas cardiovasculares, diabetes, osteoporose, entre outros.

■ CUIDADOS ALIMENTARES E DE HIGIENE: 97% dos pobres consumiam diariamente mais de trezentas calorias de alimentos considerados maléficos à saúde. 67% dos pobres frequentam restaurantes fast food três ou mais vezes por semana. Isso faz com que os 53% dos pobres da pesquisa estivessem treze quilos ou mais acima do peso ideal. Além disso, 86% dos pobres não tinham o hábito de passar o fio dental diariamente.

Já os ricos se preocupam em prolongar o tempo de vida saudável, portanto, escolhiam o que comiam, e tinham o hábito de controlar as calorias das refeições, consumindo menos de trezentas calorias diárias de alimentos considerados maléficos à saúde.

Outro benefício invisível trazido pelo hábito de escolher os alimentos, limitar a quantidade de calorias ingeridas e praticar exercícios físicos é que eles fortalecem a força de vontade, fator importantíssimo para a conquista de objetivos.

A força de vontade faz com que consigamos vencer os impulsos naturais do corpo (preguiça, comer além do necessário, desistir diante das dificuldades, etc) e ajuda a manter a energia direcionada à concretização das metas estipuladas.

A autora do livro "Os desafios à força de vontade", PhD Kelly McGonigal, compara a força de vontade com os músculos do corpo : quanto mais você a exercita mais fortes eles ficam. Para ganhar massa muscular é preciso exercitar o músculo com certa frequência e colocar cargas maiores. De forma que, quando precisamos carregar algo mais pesado, os nossos músculos responderão de forma eficaz. A força de vontade é igual. Portanto, cada vez que vamos à academia, ou fazemos uma dieta, estamos fortalecendo a nossa força de vontade. De forma que, quando temos um grande desafio profissional diante de nós, a nossa força de vontade será mais forte para enfrentar as adversidades que surgirão. Resistiremos mais e desistiremos menos.

2. Aproveitamento do tempo

▮ **APROVEITAMENTO DO TEMPO:** todos os seres humanos foram presenteados com 24 horas por dia para gastar da forma que bem entendessem. Para Corley, pessoas que se tornaram milionárias dedicavam cada minuto para o seu objetivo principal, evitando o desperdício de tempo. Desta forma, 67% dos ricos assistiam menos de uma hora de TV por dia, e 63% gastavam menos de uma hora por dia na internet para lazer. Essas pessoas, mesmo antes de se tornarem milionárias, preferiam aproveitar as horas do dia para ler, aprender, exercitarem-se, trabalhar em seus projetos e fortalecerem seus relacionamentos. Já 77% dos pobres gastavam mais de uma hora por dia distraindo-se assistindo a programas de televisão.

▍AUTODESENVOLVIMENTO: enquanto 92% dos pobres não possuíam o hábito de ler com o objetivo de aprender, 88% dos ricos investiam diariamente trinta minutos (ou mais) para aumentar seu conhecimento, ou seja, não liam por lazer. 63% dos ricos aproveitavam o tempo de trajeto de ida e volta do trabalho para ouvirem áudio books ou *podcasts* voltados para o autodesenvolvimento. Quanto aos temas estudados pelos ricos, 58% liam bibliografias de pessoas de sucesso, 55% liam livros de autoajuda ou autodesenvolvimento, e 51% liam sobre fatos importantes da História do País.

Você também pode se perguntar, "o que ler e não assistir TV tem a ver com a riqueza?" — Nesse caso vemos a força de vontade atuando mais uma vez. A televisão, principalmente em novelas e reality shows, traz pensamentos já prontos, não exige nenhum esforço mental, as imagens, as falas, os personagens, as histórias, as cores, etc, tudo vem pronto. Ao passo que, ao ler um livro, além do trabalho do cérebro em decodificar as palavras, ele ainda precisa transformar tudo em imagens, fazer associações e guardar as informações para a continuidade da leitura. É claro que dá muito mais trabalho que assistir TV, mas os ricos vencem a preguiça mental e investem seu tempo e energia para se autodesenvolverem. Também nem é preciso dizer que o conteúdo absorvido de um livro voltado para o autodesenvolvimento é muito mais útil que o conteúdo dos reality shows. O tempo é igual para todos e os ricos escolhem trabalhar a seu favor enquanto que os outros simplesmente descansam.

▍CRIAR E MANTER BONS RELACIONAMENTOS: 86% dos ricos investiam tempo para construir relacionamentos de longo prazo com pessoas que possuíam espírito do sucesso, enquanto apenas 4% dos pobres tinham esse hábito.

Pessoas de sucesso, na definição de Corley, eram indivíduos:

- Bem sucedidos financeiramente;

- Positivos, otimistas e ativos;

- Calmos e felizes;

- Capazes de conviver com outras pessoas;

- Inspiradores e motivados;

- Entusiasmados;

- Responsáveis por suas vidas.

Enquanto os ricos investiam em bons relacionamentos e fugiam das relações tóxicas, 96% dos pobres da pesquisa mantinham relações tóxicas de algum tipo. Corley define indivíduos tóxicos, como indivíduos que:

- Estão sempre envolvidos em confusão, ou tumulto;
- São negativos, perpetuamente deprimidos, infelizes ou pessimistas;
- Estão constantemente apagando incêndios;
- Sempre têm alguma desavença com alguém;
- Fazem fofocas;
- São assassinos de sonhos;
- Têm falta de entusiasmo;
- Têm mentalidade de vítima;
- Culpam os outros por seus problemas.

Ricos são reis do networking e dedicam tempo e energia para criar e manter relacionamentos positivos. 80% dos ricos utilizavam quatro estratégias para fazer crescer e fortalecer seus relacionamentos. 1) Ligam para dizer "olá"; 2) Ligam para parabenizar pelo aniversário; 3) Ligam para eventos (casamento, batizados, etc); 4) Ligam por assuntos de networking ou trabalho voluntário.

72% dos ricos dedicavam cinco ou mais horas mensais para trabalhos voluntários e ou atividades de networking, participando de clubes, associações, grupos de oratória, comerciais, etc., com o objetivo de conhecer e ampliar a rede de amizades e negócios.

3. Foco no trabalho e perseverança

▌TER METAS DEFINIDAS: No meu livro *"Motivação sem Truques"*, descrevi o passo a passo de como estabelecer metas de longo, médio e curto prazo para a concretização de sonhos. Quando você transforma sonhos em metas, você determina: o prazo para a realização; as tomadas de decisão que o aproximarão (e não afastarão) da meta; e os comportamentos necessários. Ou seja, você traz as ideias para a dimensão física. Caso contrário, não passarão de sonhos.

No estudo realizado por Corley, 95% das pessoas pobres não tinham um ideal de futuro, alegavam nunca terem pensado sobre o assunto ou não terem tempo para isso. Em contrapartida, 61% dos ricos tinham ideal de futuro, ou sonhos bem delimitados, e mais, 80% das pessoas que se tornaram milionárias já tinham o hábito de planejar e executar as atividades do dia, contra 19% dos que permaneceram pobres.

De nada adianta as boas intenções se as mesmas não forem seguidas de ações que as representem. São as ações que transformam a realidade. As ações, por sua vez, são inspiradas pelas metas alimentadas diariamente em nossas mentes. Saber o que quer, escrever metas, planejar atividades diárias e esforçar-se para cumpri-las, são ações que demonstram o quão comprometidos os ricos estavam em alcançar os seus sonhos. É possível perceber a coerência entre os desejos e as ações. Há pessoas que possuem inúmeros desejos, mas não querem mexer uma palha sequer para conquistar aquilo que desejam.

❚ GESTÃO FINANCEIRA E VISÃO DE NEGÓCIO: Antes de se tornarem milionários, 65% dos ricos desenvolveram pelo menos três fontes de renda diferentes, e tinham o hábito de economizar de 10 a 20% do que ganhavam.

Do outro lado, estavam os pobres: 75% deles não tinham o hábito de guardar dinheiro e ainda gastavam mais do que ganhavam. 88% dos pobres da pesquisa já deviam o equivalente a mais de R$ 17 mil reais no cartão de crédito. Além disso, tinham apenas uma fonte de renda, que era o seu emprego atual.

❚ TER UM MENTOR DE SUCESSO: 93% dos milionários elegeram para si pessoas especiais que serviram como inspiração, e agiram como mentores ou tutores em momentos críticos de decisão e aprendizagem. Aproximar-se de pessoas que possuíam maior experiência e conhecimento na área foi, para eles, de vital importância para o seu sucesso.

❚ E A SORTE?: para Corley, apostar na sorte é o mesmo que desejar o sucesso sem lutar por ele. Em sua pesquisa, 77% dos pobres jogavam na loteria toda semana, e 52% participavam de "bolões" e apostavam em esportes pelo menos uma vez na semana. Já 94% dos milionários investigados não jogavam na loteria, e 84% deles também não apostavam em esportes.

4. Pensamento firme e positivo

I PENSAMENTO POSITIVO: sua mente determina o que você é. Se você pensa que é bem sucedido, então você é. Se você pensa que é um azarado, então você é um azarado. Nosso cérebro não consegue discernir o que é real e o que é imaginário. Um experimento descrito no livro "Quem somos nós" demonstrou que imagens adquiridas através dos olhos e imagens criadas em nossas mentes acionam as mesmas áreas cerebrais, ou seja, nosso cérebro não distingue fantasia da realidade. Portanto, o que você pensa com frequência se torna real para você, e direciona suas percepções, decisões e ações. É a profecia que se autorrealiza. Muitas pessoas sabotam a si mesmas justamente por conta desse mecanismo.

Pensamentos são criados a todo o momento, e a qualidade deles pode determinar o seu sucesso ou fracasso. Dos milionários estudados por Corley, 79% acreditavam ser a causa das circunstâncias de suas vidas, ou seja, não se enxergavam como vítimas e sim de criadores das situações, fossem elas positivas ou negativas. 54% dos milionários acreditavam que o otimismo lhes deu força para o seu sucesso. 43% acreditavam que algum dia seriam ricos. Pensar positivo gera esperança e alimenta a motivação, e essa última é o combustível que mantém a energia em alta todos os dias em busca do objetivo. O pensamento otimista também aumenta a persistência frente aos desafios da vida, 27% dos milionários já havia falido em negócios anteriores pelo menos uma vez. A falência não os fez desistir, eles simplesmente tentaram novamente e novamente até atingirem o sucesso.

Por outro lado, 78% dos pobres admitiam alimentar pensamentos negativos diariamente. Pensar nas dificuldades, nos problemas, nas doenças, nas chateações o tempo todo, além de não resolver o problema ainda tira a energia da motivação. O pensamento negativo funciona como uma praga que mata a esperança de lutar por algo melhor todos os dias, destrói os sonhos e ainda leva à vitimização. O papel da vítima, a princípio, pode parecer cômodo, pois é mais fácil jogar a culpa nas circunstâncias da vida ou em outras pessoas, do que assumir a responsabilidade por escolhas mal feitas. Entretanto, é uma armadilha que nos afasta cada vez mais de nossos sonhos.

Podemos concluir que a riqueza nada mais é que o resultado de escolhas, comportamentos e hábitos repetidos diariamente ao longo dos anos. Uma atitude de vencedor frente à vida cria hábitos positivos e desafiadores. Ao cumprir pequenas metas desafiadoras como: vencer a preguiça para ir à academia, vencer a gula e escolher alimentos saudáveis, vencer a preguiça mental e ler livros, listar tarefas e cumpri-las, etc., vamos superando a nós mesmos a cada dia sem perceber. E, quando menos esperamos, já estamos alcançando mais um importante passo da nossa meta maior. Ricos não são motivados pelo dinheiro e sim pela superação de si mesmos. O dinheiro é apenas consequência de seu processo de superação.

ASSUMA A LIDERANÇA DE SUA VIDA!

No nível organizacional, sabemos que o bom exercício da liderança envolve a capacidade de conduzir e desenvolver a equipe, gerando resultados positivos, rumo à concretização de metas em comum.

O mesmo raciocínio pode ser aplicado no nível pessoal. Você, assim como qualquer pessoa, tem o potencial e a responsabilidade de liderar a própria vida. Isso significa que você é capaz de desenvolver habilidades e gerar resultados sólidos rumo à concretização dos próprios sonhos.

Entretanto, muitas pessoas acreditam erroneamente que, pelo fato de terem um chefe na empresa, estão isentas de serem líderes da própria vida. Colocam-se então no papel de vítima das circunstâncias da vida, numa postura passiva, sem energia, sem iniciativa, torcendo para as coisas melhorarem, mas sem mexer uma palha para que isso aconteça. E da mesma forma que esperam que o chefe lhes diga o que fazer no trabalho, também esperam que uma solução mágica apareça para resolver os problemas.

A vítima sempre olha os problemas, o líder sempre enxerga e cria soluções. Outro dia ouvi um ditado interessante que dizia: o pessimista vê dificuldades em cada oportunidade. O otimista vê oportunidades em cada dificuldade.

Isso significa que ser líder ou vítima da própria vida é uma questão de escolha e posicionamento. Mas é muito mais vantajoso ter o poder da felicidade nas próprias mãos do que depender da vontade de outras pessoas, não é mesmo?

Então, aí vão algumas dicas para liderar a sua vida:

Líderes das empresas costumam se respaldar em três pontos básicos: visão, missão e valores. E você também pode fazer isso:

1. Delimite a "visão da sua vida"

A visão é a imagem do futuro que você deseja para si mesmo, é a sua meta maior. Pergunte a si mesmo "Como você quer que sua vida esteja daqui há 10, 15, ou 20 anos?" Imagine-se na situação. A resposta deve ser honesta e realista.

Honesta: Deve referir-se aos seus próprios desejos e não a de outras pessoas. Por exemplo, há pessoas que dizem querer fazer um curso, quando na verdade, só querem fazer para agradar outras pessoas. Ou então, há os exagerados que dizem "quero ser rico e viver de oba-oba" – mas sem querer trabalhar para isso, raramente conseguirão, e isso significa que não há honestidade consigo mesmo.

Realista: Significa conhecer os próprios potenciais, para saber se conseguirá desenvolver outras habilidades necessárias para alcançar seu sonho dentro de um prazo de tempo determinado. A vida é finita, temos um prazo para cumprir as metas e isso deve ser levado em consideração no projeto de vida.

2. Defina sua missão de vida

Missão é o "como" você alcançará a visão por você determinada. A missão deve conter o tipo de trabalho que irá fazer, a forma como trabalhará e o seu diferencial. Veja um exemplo de uma pessoa que trabalha com comunicação: "minha missão de vida é exercer meu talento através da comunicação de ideias, levando conhecimento e informação às pessoas. Farei isso através da renovação e aprendizado constante, com disposição, com amor, de forma que as pessoas que tenham contato com o resultado do meu trabalho também possam se beneficiar da energia positiva com que eu realizo meu trabalho".

Observe que a missão de vida não tem a ver com o emprego, nem com a empresa que o contratou. Tem a ver com a forma como você realiza o trabalho e o que você entrega para as pessoas à sua volta.

3. Defina os valores que respaldarão suas escolhas

Os valores orientarão a forma como a missão será cumprida. Continuando o exemplo acima: "realizarei minha missão de vida de forma honesta, íntegra, respeitando a mim mesmo e aos outros, com humildade para aprender sempre, sem prejudicar outras pessoas, preservando a natureza e o bem-estar social"

Uma vez determinados a visão, a missão e os valores pessoais, escreva-os e coloque em algum lugar que possa visualizá-los diariamente. Todos os dias, antes de dormir, e assim que acordar, lembre-se da visão e missão de sua vida. Você descobrirá a cada dia, o prazer e a felicidade de saber "para que" você existe!

CONSTRUA SUA MARCA PESSOAL

Pense em uma marca de refrigerante. Agora pense num(a) cantor(a) famoso(a). Por último, pense em um(a) profissional referência em sua área de atuação. Perceba que, quando você pensa em cada um desses itens, as imagens do produto ou pessoas não aparecem sozinhas em sua mente, de forma neutra. Ao contrário, elas vêm acompanhadas por valores, sensações (boas ou ruins) de experiências anteriores e promessas (expectativas).

Da mesma forma como somos influenciados pelas marcas dos produtos e das celebridades, que nos fazem sermos consumidores (ou não) de determinados produtos, sermos clientes (ou não) de determinadas empresas, sermos fãs (ou não) de determinados artistas, nós também carregamos, sem sequer perceber, a nossa Marca Pessoal. Essa marca também possui a sua força capaz de influenciar (ou não) o comportamento de outras pessoas, assim como nos faz sermos desejados (ou não) enquanto profissionais.

A nossa Marca Pessoal tem a ver com o que nós somos como pessoa, e isso envolve a nossa personalidade, a forma como nos vestimos, o carro que temos, os valores que defendemos, a nossa conduta na vida, e também está relacionada às habilidades que possuímos. Ela resume a imagem que as pessoas fazem de nós. Já foi apresentado a alguém que disse "ah, já ouvi falar muito de você"? Pois é, muitas vezes, a nossa Marca Pessoal chega antes de nós.

Uma Marca Pessoal trabalhada de forma consciente e estratégica valoriza suas qualidades, tornando-o um profissional diferenciado e desejado pelos seus clientes. Se você for assalariado, você terá maiores chances de se recolocar e crescer profissionalmente, ou seja, passará longe do desemprego, visto que a maioria das recolocações no mercado são feitas por indicação. Se você é um profissional liberal ou tem a sua própria empresa, também terá grandes vantagens porque seus clientes lembrarão positivamente e muito mais rápido de você, e suas chances de fechar negócio serão mais altas.

Trabalhar uma Marca Pessoal é um trabalho sério que requer autoconhecimento, comprometimento, determinação e foco. Conheça algumas das ações que podem ajudá-lo a formar uma Marca Pessoal positiva:

Defina seus objetivos: Para traçar uma estratégia você precisa definir seu alvo. De preferência, defina metas para várias áreas da sua vida: profissional, familiar, saúde, social, espiritual, relacionamentos, etc. É importante, inclusive, determinar suas metas financeiras, porque isso determinará também o valor e a força que sua marca deverá ter, e o esforço que deverá empreender. Em meu livro *"Motivação Sem Truques"*, ensino minuciosamente técnicas para planejar com detalhes seu futuro.

Conheça o seu diferencial: Não importa se você é graduado, pós--graduado, etc, a questão é que as universidades lançam semestralmente no mercado profissionais com o mesmo nível de conhecimento. Entretanto, você tem um diferencial e deve detectá-lo. O que você percebe que os outros não percebem? O que você faz melhor que outras pessoas? E como isso pode ser uma vantagem profissional para você? Se a dificuldade em perceber seu diferencial persistir, peça ajuda a seus familiares e amigos. Peça para que escrevam três características que eles percebem em você e que possam servir de diferenciais em sua profissão. Converse com eles, bata um papo honesto com seus amigos e peça sugestões de melhoria. Você pode se surpreender com esse feedback. Pense também em criar algo diferente!

Construa uma marca forte: Isso significa que você deve mostrar de forma clara o que faz e como faz. As pessoas devem identificar rapidamente o seu diferencial. Marca forte é marca lembrada. Quando as pessoas pensarem em você, automaticamente, elas irão lembrar daquilo que mais chamou a atenção quando estiveram em contato com você. Sendo assim, você deve pensar em formas de expor aquilo que mais representa a sua marca de forma objetiva e impactante. Por exemplo, se você trabalha na área comercial, mostre o quanto você é desenvolto com as palavras, simpático, sensível às necessidades alheias, que são qualidades de um bom vendedor. Mesmo não atuando como vendedor no momento, as pessoas já observarão suas qualidades. Outro exemplo, se você trabalha na área administrativa, demonstre a sua capacidade prática de solucionar problemas, mostre o quanto gosta do seu trabalho. Pense em formas naturais de inserir essas mensagens nas conversas casuais. Utilizar situações que estejam acontecendo no momento e puxar exemplos de situações do dia a dia de trabalho são ótimas para isso. Essa habilidade de introduzir temas do seu interesse na conversa de forma que não fique forçado demais é uma habilidade que deve ser exercitada. Caso contrário, você corre o risco de ser tachado de chato egocêntrico.

Alinhe a sua marca: Tudo o que se relaciona a você diz respeito à sua Marca Pessoal. Credibilidade é um fator fundamental para a confiança e sucesso de sua marca. Pessoas confiam em pessoas que fazem o que dizem que fazem. Se você deseja passar credibilidade, deve ser pontual e, uma vez que se comprometeu com algo, deve cumprir. Observe também como está sua imagem nas redes sociais, que tipo de informação você compartilha e curte, que tipo de postagens você faz, e pergunte-se se está alinhado aos valores que você deseja transmitir. Observe também se é fácil detectar o que você faz, ou o que você vende.

Cuide da aparência: Não basta "ser" competente, você também deve "parecer"! Nosso cérebro é capaz de formar a primeira impressão logo nos três primeiros segundos de contato, ou seja, uma pessoa não precisa dizer sequer uma palavra para ser julgada apenas pela aparência. Causar uma primeira impressão positiva é importante porque facilita todo o restante do processo. Caso a pessoa tenha uma primeira impressão negativa, o trabalho para "refazer" a imagem será muito mais complicado e nem sempre temos essa oportunidade. Por essa razão, cuidados com a vestimenta e higiene são importantes e devem estar alinhados à sua marca. Vá ao seu guarda-roupa e experimente combinações que valorizem sua marca. Olhe no espelho e seja crítico: a imagem que você está vendo é a imagem que gostaria de passar? Deixe prontas algumas combinações de roupas para que não tenha que fazer isso quando estiver saindo para trabalhar. É claro que você não precisa vestir-se com trajes sociais o tempo todo, apenas fique atento. Se vai a algum lugar em que poderá encontrar algum cliente potencial ou parceiro de negócios, tome o cuidado de vestir-se de forma mais aproximada possível da marca que deseja passar.

Identifique seus clientes potenciais: Se você é assalariado e pretende permanecer nesse mercado, seus clientes potenciais são pessoas que trabalham em outras empresas, elas são como pontes que podem indicá-lo para outros lugares. Observe quem são esses profissionais, que tipo de lugar eles frequentam, seus hábitos, etc. Se você é profissional liberal, identifique seus clientes: quem são, onde moram, faixa etária, como gastam e quanto gastam, etc. Faça um raio-x de seus clientes e separe-os por categoria, isso o ajudará a encontrar os seus clientes, e ajudará a direcionar suas ações para cada tipo de cliente.

❙ Divulgue a sua marca: Não adianta fazer tudo direitinho, construir uma boa marca e... se esconder. Lembre-se: quem não é visto não é lembrado! Quanto mais o seu cliente tiver contato com você, mais ele lembrará de você e mais afinidade, familiaridade e confiança ele terá em você. E ele também precisa encontrá-lo quando precisar dos seus serviços/produtos e também quando indicar seus serviços a outrem. Portanto, tenha sempre a mão um cartão de visitas, um folder explicativo sobre o seu trabalho, um website; crie um mailing. Use ferramentas gratuitas online para se fazer presente como blog, Facebook, Instagram, Twitter, etc. Pense em formas ativas de encontrar seus clientes: liste eventos, entidades, comunidades, grupos, etc, e vá de encontro a eles.

❙ Trabalhe a manutenção dos relacionamentos: Uma vez feito o contato com clientes e potenciais clientes, é importante trabalhar a manutenção. Telefonemas de aniversário, cartões, e-mails informativos e úteis, são algumas das estratégias que podem ser utilizadas. Mas o melhor de todos é realmente fazer amigos de forma sincera, assim você ganha em dobro. Amigos têm a chance de conhecê-lo melhor e, se você for confiável, com certeza terão prazer em indicá-lo.

❙ Busque feedback: Como a imagem é formada na cabeça do outro e não na sua, é importante, vez ou outra, pedir feedback dos seus colegas ou da chefia a respeito da sua imagem profissional e dos seus comportamentos. Crescemos muito com a contribuição dos colegas de trabalho. Mas controle seu estado emocional caso o feedback não seja positivo. Mesmo que não concorde, aceite o feedback, reflita sobre o que ouviu e realize mudanças caso necessário.

❙ Pareça e seja: Nossa Marca Pessoal carrega valores como honestidade, justiça, disciplina, tradição, etc, ou seja, você coloca em sua Marca aquilo que você valoriza, e isso se traduz em suas escolhas, na forma como se comporta, etc. Quando pensamos em nossa Marca Pessoal, trabalhamos com uma imagem daquilo que consideramos ideal, ou seja, o que gostaríamos de ser. Se compararmos a imagem desejada com a imagem real, perceberemos que existem pontos que precisam ser desenvolvidos no "eu real". Isso significa que, ao mesmo tempo em que você trabalha a sua Marca Pessoal, não pode descuidar do seu "eu real". Observe se os seus comportamentos reproduzem os seus valores. Uma boa Marca Pessoal é aquela que inspira outras pessoas porque nos puxa para cima, ou seja, nos eleva como pessoas, e nos faz desejar ser pessoas melhores.

Essas são apenas algumas dicas para você começar a pensar sobre a sua Marca Pessoal e como deixar uma marca forte e positiva na vida das pessoas, e trazer contribuição para a sociedade através do seu talento e do seu trabalho. Boa sorte!

UTILIZE AS REDES SOCIAIS COMO FERRAMENTA DE MARKETING PESSOAL

É cada vez mais comum os RHs das empresas darem uma espiadinha no perfil dos candidatos às vagas. Ter um perfil que ajude a empresa a enxergar melhor quem é você, pode ser vantajoso.

Mesmo que você não saiba e não queira, você está construindo e vendendo a sua imagem a cada post no Facebook. E mesmo que você não tenha a mínima ideia de quantas pessoas estão curtindo ou apenas observando seu perfil, tenha certeza de que é um número suficiente para formar uma opinião a seu respeito.

O Facebook, além de ser uma ferramenta para localizar pessoas, encontrar amigos, e se divertir, também pode ser utilizado como um espaço para se trabalhar o marketing pessoal.

Trabalhar um bom perfil não significa ficar o tempo todo se policiando tentando parecer o que não é. Ao contrário, a ferramenta pode ser divertida, você só precisa ter alguns cuidados:

- Em primeiro lugar você precisa saber responder algumas perguntas: "Quem você é?", "Quais são os seus valores?", "Que imagem você gostaria de passar para as pessoas?", "Qual parte de sua personalidade você gostaria de evidenciar?", "Quais são os seus sonhos?", "Que parte de sua vida você gostaria de compartilhar com outras pessoas e quais você deseja manter no seu mundo particular?"

- Mostre seus valores através das fotos: reuniões em família, trabalhos voluntários, ideias criativas e interessantes, notícias interessantes, encontro com amigos, vida na natureza, aventuras, viagens, etc.

- Dinamize seu perfil para que ele se torne gostoso de ser lido. Algumas pessoas temem a exposição e acabam não postando nada e não interagindo. É possível utilizar a ferramenta de privacidade para permitir que apenas algumas pessoas vejam o conteúdo que você deseja mostrar. Não é preciso postar notícias todos os dias, mas também não precisa abandonar o perfil.

Compartilhe temas interessantes que mostrem o que você valoriza e que podem ajudar outras pessoas. Isso mostra que você pensa em outras pessoas e não apenas em você mesmo.

Cuidados:

- Evite fotos de biquíni, muito sensuais e/ou provocantes: caso queira colocá-las utilize a ferramenta de privacidade, de forma que você escolha quem poderá ter acesso a elas.

- Cuidado com fotos de baladas com bebidas alcoólicas: evite inserir muitas fotos com bebidas alcoólicas. Uma ou outra não tem problema, mas o excesso pode passar uma imagem negativa. Pense! Mesmo que o funcionário não esteja mais no horário de expediente ele ainda trabalha na empresa, portanto, ainda a representa. E ver, por exemplo, um representante da empresa bêbado, pode ser constrangedor.

- Evite inserir frases que reclamam do trabalho, por exemplo, "odeio segundas-feiras", "odeio meu trabalho", etc. Isso mostra que você não gosta de trabalhar e nenhuma empresa gostaria de ter alguém assim dentro de sua equipe.

- Evite postar com exagero desabafos, estados de humor, principalmente os negativos, e localização. Além de ser chato, pode mostrar que você fica o tempo todo no Facebook. Isso pode dar a impressão de que seu resultado no trabalho é baixo, uma vez que o foco do trabalho é desviado diversas vezes para o Facebook.

- Evite polêmicas de forma geral (comentários racistas, sexistas), julgamentos e comentários depreciativos relacionados a colegas de trabalho e à própria empresa em que trabalha ou trabalhou. Além de ser negativo para a sua imagem, isso ainda pode servir de prova contra você.

- Evite curtir fotos ou comentários racistas, ou sexistas, ou polêmicos demais. Eles ficam registrados e aparecem na página de notícias.

- Evite exageros: por exemplo, há pessoas tão fanáticas pelo time de futebol que só postam fotos e comentários relacionados ao time. Não há problema nenhum em ser torcedor, mas o exagero, além de tornar o perfil chato, dá a impressão de a pessoa ser "bitolada".

COMO CONCRETIZAR METAS

Muitas pessoas criam metas no início do ano, mas têm dificuldade para colocá-las em prática. Aqui seguem cinco passos para você alcançar o sucesso no final do ano:

▌Tenha metas motivadoras e realizáveis: Ao criar suas metas, analise o quanto elas são importantes para você e não para os outros. Por exemplo, se você decidiu fazer um curso de inglês, pergunte-se se está fazendo isso porque gosta do idioma ou simplesmente porque está na moda. Quanto mais você gostar da meta, mais fácil será cumpri-la.

Uma inspiração se torna maior na proporção da quantidade de pessoas que sua meta beneficiará. Portanto, quanto mais altruísta for a sua meta (ou menos egoísta), quanto mais benefícios você trouxer a outras pessoas através dos seus sonhos, maior será sua inspiração. Você se torna maior que você mesmo quando percebe que pode ajudar outras pessoas. Dessa forma, se conseguir atrelar suas metas pessoais e benefício ao próximo, maior será sua inspiração, motivação e força de vontade, pois você trabalhará para muitos e não apenas para si. Por exemplo, se sua meta é comprar um carro, pense em quanto benefício esse carro poderá trazer para você, sua família, de que forma ele agilizaria o seu tempo para que você trabalhe com mais afinco em prol das outras pessoas.

Esse espírito cooperativo torna sua vontade maior do que você. Grandes feitos da humanidade só conseguiram ser realizados porque a vontade transcendia o benefício individual. Quando se trabalha por um bem maior, menos egocêntrico, a vontade se expande.

Metas motivadoras produzem constância de energia. E só conseguimos fazer isso quando atrelamos as metas ao nosso propósito de vida. Todos nós nascemos com um propósito para cumprir. Quando você alinha seu propósito de vida com a ideia de beneficiar outras pessoas, sua motivação, inspiração e constância se tornam muito mais firmes.

Calcular se as metas estão dentro de suas capacidades também é importante para você não se frustrar no meio do caminho. As metas devem ser desafiadoras, mas não podem ser impossíveis.

A objetividade auxilia a concretização das metas. Ser objetivo significa transformar intenções em ações observáveis, contabilizadas e realizadas em um determinado tempo.

O fator tempo é importante porque ele determina o ritmo de trabalho e a quantidade de energia necessária. Os fatores "contabilizável" e "observável" são importantes porque você consegue observar e contar quantas vezes executa a ação. Por exemplo, se você precisa perder peso, defina quantos quilos e em quanto tempo. A partir daí, determine a quantidade de calorias que poderá consumir no dia, assim como os comportamentos observáveis como: comer saladas, evitar doces, frituras, comidas calóricas e pobres em nutrientes, etc. Se deseja comprar um carro, defina a quantia mensal que será salva para o seu projeto, quantos meses levará e as ações necessárias para que você veja que está realizando seus projetos. Esse último ponto, ações necessárias, envolve as escolhas que deve fazer. Veja o próximo tópico.

▍**Aprenda a fazer escolhas:** É preciso fazer um acordo psicológico com você mesmo. Um ditado diz "Para todo ganho há uma perda, e para toda perda há um ganho". Isso vale para as suas metas. Por exemplo, se você decidiu juntar dinheiro para trocar o carro, significa que terá que abrir mão de jantares ou qualquer outra atividade em que gaste o dinheiro que você deseja guardar para o carro. É nesse ponto que a inspiração será necessária! No momento das escolhas, a vontade consciente deve vencer o impulso sempre! Isso significa que, se decidiu fazer dieta, toda vez que se deparar com um doce em sua frente, sua vontade consciente deve vencer o impulso de comer. Fazer a vontade consciente vencer significa se lembrar do compromisso que assumiu consigo mesmo. Lembre-se de quantas pessoas torcem por você, para quantas pessoas você trabalha, lembre-se do benefício que trará para outras pessoas, etc. Isso ajudará a aumentar sua motivação e manter-se no foco.

Algumas pessoas utilizam as redes sociais para motivarem outras pessoas a fazer dietas e, ao mesmo tempo, se motivar. Ao postar suas conquistas, elas cobram de si mesmas um resultado melhor no dia seguinte. As pessoas que acompanham começam a pensar em começar uma dieta alimentar saudável inspiradas nos resultados que estão vendo. Esse recurso, nesse sentido, é positivo e funciona para algumas pessoas. Encontre o seu modo de se automotivar, mas nunca se esqueça de que as privações, sejam elas quais forem, são frutos de sua escolha e não castigos! Pensar dessa forma o torna mais forte porque o coloca como comandante da situação e não como vítima.

▌Inspire-se: É preciso ter força de vontade para cumprir as metas diariamente. Um exercício simples é o da visualização. Nossa mente pensa por imagens. Criar uma imagem do futuro desejado ajuda a nos inspirar. Por exemplo, se você deseja um carro novo, pegue uma foto do carro que deseja (modelo, cor, ano, etc), quanto mais parecido melhor. Se deseja perder peso, pegue uma foto sua no peso que deseja chegar ou de outra pessoa que o inspira. Pregue essa imagem onde possa vê-la todos os dias. Lembre-se sempre dessas imagens, principalmente quando der vontade de desistir da dieta e, por exemplo, comer um doce bem melado, ou gastar dinheiro com o que pode ser deixado para depois.

▌Feche o balanço todos os dias: Tenha o hábito de fazer um breve balanço sobre como você tem trabalhado a seu favor. Avalie quantas pequenas vitórias você teve ao longo do dia. Por exemplo, se deseja perder peso, pergunte a si mesmo "quantas vezes conseguiu resistir aos doces naquele dia?", ou "quantas calorias conseguiu gastar nos exercícios?", ou "qual outra mudança no hábito alimentar foi inserida naquele dia?". No caso do carro, pergunte-se "quanto conseguiu economizar hoje?", "que compras deixou de fazer ou foram postergadas por conta do sonho do carro?", etc. Esse exercício é muito importante para aumentar sua autoconfiança e motivação, pois você consegue observar pequenas e constantes vitórias, isso faz com que você confie mais em você mesmo, ao mesmo tempo que motiva ainda mais.

▌Cheque e ajuste: Estipule um período, que pode ser semanal ou mensal, para checar seu desempenho e ajustar metas. Imprevistos podem surgir e o fazer reavaliar suas metas. Não se desespere porque ajustar metas não significa desistir, nem ser um fracassado. Significa ajustar-se à realidade conforme ela se apresenta. O primeiro período mostrará se a forma como você está trabalhando está adequada e se está exagerando demais, ou se é possível "apertar" um pouco mais.

É importante ter noção de que a conquista de um sonho engloba muito mais que o sonho em si. Durante o percurso de transformar o sonho em realidade, somos obrigados a superar nossas limitações, vencer a preguiça e desenvolver a força de vontade, a determinação, a disciplina, etc, e nos tornarmos pessoas melhores.

COMO AUMENTAR A PRODUTIVIDADE NO TRABALHO

Equipes reduzidas e muito trabalho. Esse é o cenário moderno. Muitas pessoas entram em estado de estresse porque se sentem sobrecarregadas pelo trabalho. Preocupação demasiada gera ansiedade, que é caracterizada pelas reações de medo, normalmente geradas por pensamentos catastróficos que, por sua vez, geram reações corporais como sudorese, taquicardia, respiração rápida, etc, que atrapalham ainda mais a capacidade de pensar racionalmente e tomar boas decisões. Resultado: maior desperdício de tempo e energia e menor produtividade.

Gerenciar o tempo e ser produtivo são habilidades que valem a pena ser desenvolvidas por duas razões: primeiro, porque reduzem a ansiedade e trazem maior qualidade de vida no trabalho, e, segundo, porque são habilidades muito valorizadas em um cenário onde os recursos estão cada vez mais escassos nas empresas e o tempo cada vez mais curto.

Se você sente que trabalha muito e nunca é o suficiente, deve atentar para dois pontos básicos: o primeiro deles é a falta de planejamento e o segundo são os ladrões de tempo. As dicas a seguir, simples e práticas, o ajudarão a criar novos hábitos de trabalho. Incorporando-as ao seu dia a dia, com certeza terá excelentes resultados:

Dica 1: Planejamento: Antes de iniciar suas atividades, você deve dedicar parte do seu tempo para fazer um planejamento. Isso pode tomar certo tempo inicial, mas em contrapartida, o ajudará a dirigir a energia para uma única direção e também ajudará a decidir quais atividades são realmente importantes para atingir os resultados desejados.

Estabeleça metas de longo, médio e curto prazo, determinando "o que" deseja alcançar e "quando". Ao criar essas metas, procure ajustá-las a suas metas pessoais, alinhando objetivos organizacionais e pessoais. Esse alinhamento e relação ganha-ganha o ajudará a manter a motivação em alta.

Trabalhar com metas diárias aumenta a produtividade porque elas facilitam o monitoramento do próprio desempenho. Com elas você pode comparar seu desempenho dia após dia e controlar a velocidade das tarefas.

Determine parâmetros observáveis que mostrem que você está atingindo suas metas. Por exemplo, se sua meta é diminuir custos do seu departamento, determine o que irá mostrar a você e outras pessoas que você está conseguindo alcançar sua meta.

▌Dica 2: Trabalhe com uma agenda de papel ou virtual: Tenha o hábito de programar antecipadamente os seus dias (meta de curto prazo), sempre visando a meta de longo prazo. Transforme suas metas de curto prazo em tarefas e distribua-as durante a semana. A agenda o ajudará a visualizar suas tarefas diárias e cumpri-las dentro do prazo. Tique cada tarefa realizada. Ao final de cada dia faça um balanço sobre seu próprio desempenho e ajuste as tarefas dos próximos dias se necessário.

O ideal é que, ao iniciar o dia de trabalho, você já o tenha "desenhado" em sua agenda.

▌Dica 3: Defina prioridades: Nem sempre o que é urgente é importante. Lembre-se que o ser humano é um ser de hábitos. Uma vez habituado a agir como um bombeiro "apagando fogo", perde-se a capacidade de refletir se o que é urgente é realmente importante para o resultado final. Pense também na possibilidade de delegar a tarefa, caso ela seja mais operacional. Use seu tempo para o que for realmente importante e o que terá maior impacto sobre o seu resultado final.

▌Dica 4: Use lembretes para as atividades importantes: Às vezes dependemos da resposta de alguém para dar continuidade ao nosso trabalho, e os lembretes são ideais para essas ocasiões. Eles nos relembram que precisamos dar andamento ao processo assim que tivermos a informação ou material em mãos. Cole Post-Its no monitor para lembrar dos casos em andamento.

▌Dica 5: Inove! Enfatize resultados e não atividades: Para resultados diferentes, você deve fazer diferente! Então, caso não esteja satisfeito com o resultado de seu trabalho, pense: como fazer para melhorar o processo e atingir um melhor resultado? Faça pequenos e constantes ajustes em suas atividades. Evite cair na zona de conforto.

▌Dica 6: Fuja dos ladrões de tempo: A cada interrupção para verificar e-mails, atender telefonemas ou responder chamados, nossa atenção se dispersa e perdemos cerca de 25 minutos para retornar à tarefa anterior! Um estudo mostra que interrupções consomem 28% do tempo de trabalho diário. Diminua as interrupções. Estipule um horário específico para checar e-mails. Deixe todos os alertas de e-mails e mensagens desligados. Diminua a quantidade de saídas para os cafezinhos, substitua-os por uma garrafa d'água na mesa, é mais saudável e perde-se menos tempo. Diminua as conversas nos corredores.

Além desses cuidados, aí vão outras dicas simples para você "ganhar tempo":

▌ Procure responder e-mails logo na primeira leitura. Se não for possível, separe em uma pasta específica "tarefas a cumprir". Trate de apenas 1 assunto por e-mail, isso facilita a leitura e localização da mensagem pelo "assunto". Se o assunto mudar, mude também o "assunto" do e-mail. Escreva de forma objetiva, utilize tópicos.

▌ Desligue o celular ou coloque-o em modo silencioso. Olhe apenas de hora em hora. Evite olhar o tempo todo para ver se recebeu alguma mensagem.

▌ Se perceber que a socialização é necessária para discutir de modo informal os processos em andamento, crie o hábito de marcar um cafezinho dez minutos antes da reunião. Assim você faz a socialização e aproveita para discutir algum ponto fora da pauta da reunião.

▌ Para as pessoas que o interrompem com frequência, tente explicar que está tentando gerenciar melhor o seu tempo e combine horários específicos para despachar com eles.

▌ Tenha um tempo específico para lidar com suas preocupações. Isso o ajudará a manter a mente livre de preocupações nas horas em que precisar se concentrar para produzir. Preocupações demais roubam a atenção e distraem a mente, o que causa ansiedade.

▌ Evite procrastinar. Se percebe que anda "empurrando com a barriga", descubra por que está evitando a tarefa (Ela é desagradável? Você se sente inseguro? Não sabe por onde começar? Preguiça?). Depois, contabilize o custo da demora. Você não perde somente tempo, mas perde dinheiro com isso. Se você acha a tarefa difícil demais, desmembre-a em etapas, isso torna mais fácil o início. Peça ajuda se necessário. Observe se você não está estabelecendo padrões muito altos de perfeição.

COMO CONTROLAR A ANSIEDADE EM APRESENTAÇÕES NO TRABALHO

Saber se comunicar é uma habilidade importante para o mundo dos negócios. Atualmente, é quase impossível fugir de apresentações em público que vão desde apresentações na faculdade, até condução de reuniões, apresentação de projetos, participação de dinâmicas de seleção de emprego, etc. Mas toda vez é a mesma coisa, ao saber que terá que fazer uma apresentação, já bate o desespero, vem o frio na barriga, vergonha, medo de "dar branco", medo de não agradar, etc. Como lidar com a ansiedade de falar em público?

Em primeiro lugar, saiba que esses medos são fantasias da mente de quem cria. É muito raro acontecer de o apresentador pegar uma plateia agressiva ou avessa ao que ele tem a dizer. Isso só ocorre em situações muito específicas como no caso da política, por exemplo. O medo, normalmente, é causado pela fantasia de que, como centro das atenções, cometerá alguma gafe, mostrará alguma fraqueza e passará o maior vexame. Essa fantasia gera pensamentos catastróficos que causam reações físicas como sudorese, taquicardia, etc. E é por isso que a pessoa passa mal só de pensar.

Entretanto, existem algumas técnicas simples para amenizar e controlar as reações de ansiedade antes das apresentações:

▌PLANEJE A APRESENTAÇÃO: Comece estruturando a apresentação considerando o tempo determinado, o perfil da plateia, como iniciará e fechará a apresentação, e o conteúdo em si.

▌UTILIZE RECURSOS VISUAIS: Sempre que possível, utilize os recursos visuais. Além de tornar a apresentação mais dinâmica, eles facilitam a memorização do conteúdo.

▌CRIE O SEU ROTEIRO: Evite ler os slides, utilize-os apenas como lembrete da sequência da sua apresentação. Crie um roteiro próprio que pode ser feito com a impressão dos slides e anotação de palavras-chaves, apenas para memorizar e guiá-lo.

Todo esse processo anterior, planejamento, estruturação, etc, por si só, mesmo sem você perceber, já vai amenizando a ansiedade porque você está se preparando para a apresentação. Saber que você está aumentando suas chances de acerto traz certo conforto.

█ TREINE EM VOZ ALTA: Um erro comum é as pessoas treinarem apenas mentalmente suas apresentações, imaginando que terão um desempenho igual ao imaginado. Grande erro. Pensar assim é como um atleta que treina o salto mentalmente achando que o fará com perfeição no dia da apresentação. Habilidades devem ser treinadas. Portanto, treine em voz alta como se estivesse na apresentação. Procure não olhar para os slides, tenha o conteúdo em sua mente. Seu olhar deve estar direcionado para a plateia. Treine várias vezes, sem preguiça. Uma dica é treinar imaginando o ambiente, a plateia da forma mais real possível. Isso minimiza o impacto quando você estiver se apresentando na vida real, pois a sua mente entenderá que você já passou por isso.

█ PENSE POSITIVO: Outro erro comum é ficar alimentando a fantasia de que a apresentação será um fracasso. Se pensar assim, com certeza será. Seu corpo executa o que sua mente manda. Portanto, envie mensagens positivas, pense como se a apresentação já fosse um sucesso, anime-se, demonstre isso no tom de voz, no olhar, na expressão corporal e facial. Mostre que você está lá porque merece estar, porque é competente e tem algo importante para passar.

█ ACALME-SE: Momentos antes da apresentação, procure relaxar o corpo. Busque um lugar privado, faça alongamentos, relaxe o pescoço, os ombros, os pulsos, as pernas, etc, para que você possa atuar de forma mais relaxada, sem demonstrar tensão. Respire fundo e solte o ar algumas vezes para relaxar a musculatura da respiração.

Caso ainda se sinta inseguro, durante o treinamento pegue uma caneta, e relaxe segurando-a, sinta o corpo se descontraindo e sua mente atenta ao conteúdo. Comunique à sua mente que, toda vez que segurar a caneta durante a apresentação, você se sentirá calmo e irá se lembrar do conteúdo. Faça isso algumas vezes. Durante a apresentação, caso sinta insegurança, segure a caneta para que a mente se recorde da mensagem.

A comunicação, como qualquer habilidade, exige treino. Quanto mais vezes você a exercitar, melhor se tornará. Portanto, aprenda a aprender, tenha paciência consigo mesmo e agarre todas as oportunidades que tiver para se apresentar.

LIBERTE-SE DA TIMIDEZ

Habilidades como ser sociável, comunicativo, apresentar projetos, estão sendo cada vez mais valorizadas nas empresas. E a timidez pode atrapalhar, e muito, o seu desempenho no trabalho ou até mesmo "empacar" seu sucesso profissional, além de poder ser um grande empecilho para as conquistas amorosas e relacionamentos sociais.

A timidez é algo normal, mesmo pessoas extrovertidas, em determinadas situações podem sentir-se tímidas. Entretanto, a timidez toma proporções mais sérias quando traz sofrimento e impede a pessoa de realizar ações necessárias e consideradas comuns.

Existem vários níveis de timidez, mas basicamente, ela é causada pelo medo. Medo do julgamento do outro, de ser inconveniente, de não ser aceito, de cometer uma gafe, de ser tachado de tolo pelas outras pessoas, etc. Esse medo gera ansiedade que, por sua vez, gera reações corporais desagradáveis, tais como: taquicardia, mal estar, sudorese, etc. Essas sensações são tão negativas, que a pessoa tímida passa a evitar quaisquer situações sociais de forma a evitar as sensações corporais negativas.

As causas da timidez são muito variadas e dependem da história de vida da pessoa. Por exemplo, ela pode ter influência da educação, da cultura, da genética, experiências e até mesmo a forma como a pessoa vivenciou algumas situações da vida.

Se você se considera tímido demais, seguem seis dicas para se libertar desse aprisionamento psicológico:

▌ASSUMA QUE VOCÊ QUER MUDAR: A vontade de mudar deve ser mais forte que a zona de conforto, isso porque mudar o comportamento não é algo fácil de fazer, requer disciplina, força de vontade e muito foco. É comum, em meio a processos de mudança de comportamentos, que a vontade de desistir apareça, mas é preciso que a sua vontade de mudar vença sempre. Não aceitar a prisão da timidez é uma atitude importante a ser tomada nessas horas.

Sempre fui uma criança tímida e sofria muito por nunca conseguir brincar com amigos, curtir as festas, falar com as pessoas, etc. Ou seja, via todos se divertindo, menos eu, por conta da timidez. Certo dia me revoltei. Disse um "basta" para a minha timidez. Percebi que somente eu poderia me tirar daquela situação e dependeria das minhas iniciativas para poder participar mais das atividades sociais. Prometi a mim mesma que iria mudar! Raiva boa é aquela que nos tira da zona de conforto, que não aceita o que é negativo para as nossas vidas, e isso nos ajuda a fazer diferente. A partir daquele momento, passei a aproveitar cada oportunidade que a vida me oferecia para praticar um pouco mais as habilidades sociais e participar mais dos grupos. Aos poucos fui vendo os benefícios, e os resultados me incentivavam ainda mais a seguir em frente. Mas a revolta com relação à minha timidez foi importante para que eu tivesse forças para enfrentar os meus medos. A cada pensamento de desistência que surgia eu lembrava que não queria mais voltar para o mundinho pequeno da timidez, e então me esforçava para alcançar a liberdade de expressão e a espontaneidade que tanto desejava. Aos poucos e com paciência fui atingindo meus objetivos.

■ **REBAIXE O CRÍTICO INTERNO:** Pessoas tímidas normalmente são muito rígidas consigo mesmas. Não se permitem errar e, quando erram tendem a punir a si mesmas ("como sou burra"; "que idiota eu fui!" etc). Seu crítico interno é muito severo. Pessoas tímidas só se aceitam se forem perfeitas, mas ninguém é; aceite que é um ser humano como todos os outros, e que pode errar. Tire o poder do "crítico interno". Toda vez que achar que errou, ou que falou algo indevido, ou passou algum vexame, seja compreensivo.

Desenvolva a humildade. Assuma que fez o melhor que pôde, e que na próxima vez, irá melhorar. Trate-se como trataria uma criança, dê força a si mesma, diga a si mesma que conseguirá, que está ótima etc.

■ **VALORIZE SEUS PONTOS POSITIVOS:** Pessoas tímidas conhecem bem seus pontos negativos e raramente conhecem os positivos. Faça uma lista de dez coisas que você faz bem e faça delas seus diferenciais. Saber que carrega em si coisas positivas aumenta a autoconfiança e autoestima. Conheça também os assuntos de que gosta, leia sobre eles, veja filmes. Isso o ajudará a puxar e manter conversas em eventos sociais ou encontros com amigos.

■ **CUIDE DA AUTOIMAGEM:** Arrume-se! Penteie os cabelos, apare as unhas, cuide das roupas, aprenda a gostar de cuidar de si. Além disso, uma boa imagem ajuda a manter a autoconfiança.

❚ENFRENTE: Aproveite cada chance que a vida oferece para se testar: aceite convites para festas, happy hours, cumprimente pessoas desconhecidas mesmo que com um simples sorriso e aceno de cabeça; se alguém puxou conversa, procure mantê-la. Timidez se vence com esforço.

❚SEJA PERSISTENTE: Encontros sociais causam muita ansiedade nos tímidos e a vontade é sempre de "sair correndo" e se esconder. Quando isso acontecer, mantenha a calma. Quanto mais enfrentar o medo, mais fraco o medo se tornará. Para mudar efetivamente um comportamento, ele deve ser transformado em hábito. Isso significa que ele deve ser repetido diariamente, de forma consciente por, pelo menos, trinta dias. Após esse período, você verá que os desafios se tornarão mais fáceis de transpor porque você já terá se habituado a eles.

A IMPORTÂNCIA DO AUTOCONTROLE PARA O SUCESSO PROFISSIONAL

Quem nunca teve vontade de xingar o chefe, discutir com um cliente, ou até mesmo comer um doce no meio de uma dieta? Pois é, pessoas que possuem autocontrole conseguem segurar os impulsos que os levariam a comportamentos sabotadores e indesejáveis.

Além disso, o autocontrole mantém essas pessoas focadas em suas atividades diárias, com a mesma energia/motivação, sabendo que, no futuro, receberão suas recompensas. Essa capacidade de esperar um pouco mais pela recompensa é importante para quaisquer projetos de longo prazo que podem ir desde a compra de uma casa, até a construção de uma carreira profissional de sucesso.

Uma pesquisa realizada na Nova Zelândia, que acompanhou 1.037 crianças por mais de duas décadas, demonstrou que o autocontrole era um indicador de sucesso financeiro muito mais forte que o QI ou a classe social da família de origem.

Além do sucesso profissional, o autocontrole também está por trás do sucesso escolar e de uma vida saudável. Pessoas que possuem autocontrole apresentam bom ajuste emocional, desenvolvem relacionamentos mais saudáveis, são mais seguros de si e se adaptam melhor às situações da vida. Isso tudo porque o autocontrole nada mais é que o controle dos impulsos.

Aspectos Fundamentais do autocontrole:

- O primeiro e fundamental aspecto é o **autoconhecimento** – sem ele nenhum dos outros ocorre: é preciso conhecer as relações entre impulso e comportamento que acontecem, muitas vezes, de forma inconsciente. Esses processos são muito particulares, diferindo muito de pessoa para pessoa. Sem compreender como as emoções atuam em nosso comportamento, não há como ter autocontrole.

- O segundo aspecto importante é o **controle da atenção**: um experimento descrito no livro "Foco" de Goleman, mostrou que pessoas que conseguiam dominar, desviar a atenção e ressignificar situações conseguiam lidar melhor com os impulsos. Foram realizados alguns experimentos com crianças de aproximadamente 4 anos. Foi colocado diante delas um doce, e dada a seguinte dica: se elas conseguissem esperar por 15 minutos para comer o doce, elas ganhariam um doce a mais, caso contrário, se o comessem antes do período estipulado, não ganhariam o doce extra. As crianças que ficaram sentadas olhando fixamente para o doce, ou seja, com a atenção focada nele, não aguentavam o impulso e comiam o doce. Por outro lado, as crianças que foram capazes de distrair a atenção para um outro tipo de brincadeira qualquer (cobrir os olhos, brincar de cantar, contar, etc), conseguiam suportar o tempo e ganhavam outro doce. Essas mesmas crianças, que conseguiram desviar a atenção do doce, eram as que apresentavam maior pontuação no quesito autocontrole. Essa capacidade de controlar a direção da atenção pode ser observada em diversas situações. Por exemplo, imagine que você está dirigindo seu carro tranquilamente e, de repente, um carro o "fecha" de forma totalmente perigosa. Você quase bate o carro e fica nervoso com a imprudência do tal motorista. Seu impulso pode ser de ir atrás do motorista, xingar, chamar a atenção, etc. Entretanto, se você conseguir desviar o foco de sua atenção para outro tipo de pensamento, por exemplo, "deve estar apressado", "se continuar assim, vai acabar causando um acidente", "ir atrás dele não vai adiantar", etc, e rapidamente voltar seus pensamentos para algo mais produtivo, e simplesmente deixar de focar o que lhe causou a raiva, você terá conseguido controlar um comportamento que poderia gerar consequências mais graves como, por exemplo, as diversas e violentas brigas de trânsito que vemos todos os dias.

- O terceiro aspecto importante é a **força de vontade**: é o quanto você é capaz de resistir às tentações em longo prazo. A força de vontade advém de escolhas conscientes e também requer autoconhecimento e foco em alguma meta. A força de vontade é como um músculo, quanto mais se treina, mais forte fica. Ela funciona da seguinte forma: vamos supor que você esteja fazendo uma dieta porque tem como meta entrar em um vestido justo numa festa. De repente, você se vê diante de um doce muito saboroso. Seu impulso é comer o doce, mas sua parte consciente irá lembrá-la de sua meta (vestido justo), e isso fará com que você desista de comer o doce e escolha a sua meta. Existe nesse processo um dispêndio de energia psíquica alto, principalmente no início da dieta, mas a boa notícia é que o processo vai ficando mais fácil a cada vez que você resiste ao doce. Sua força de vontade vai ficando mais forte à medida que você a exercita.

- O quarto aspecto é a **empatia**: que é a capacidade de se colocar no lugar do outro, compreender como o outro pensa e como ele se sente. É a base para relacionamentos saudáveis. Essa habilidade é muito importante para o autocontrole porque é uma espécie de guia e nos faz perceber quais tipos de comportamentos seriam considerados positivos ou negativos dentro das inúmeras situações que passamos durante o dia.

Veja a seguir cinco dicas práticas para desenvolver o autocontrole no trabalho:

❚Autoconhecimento: Esse é o aspecto mais importante, porque serve de base para todos os outros. Invista no seu autoconhecimento. Se não tem dinheiro para isso, invista seu tempo e energia. Leia notícias na internet sobre autoconhecimento, leia livros de autoajuda, etc, há também exercícios bem simples, por exemplo, você pode fazer uma lista contendo 10 pontos positivos e 10 pontos negativos de você mesmo. Peça para que seus familiares e colegas de trabalho façam uma lista pensando em você. Compare a lista deles com a sua. Converse com eles e peça sugestões de como você poderia melhorar. Você verá que as pessoas enxergam coisas que você mesmo não percebe.

❚Defina suas metas: O autoconhecimento o ajudará a definir metas importantes para sua vida. "O que você realmente deseja da vida?" "O que você realmente deseja do seu trabalho?" "Qual é a sua missão de vida?" Essas perguntas devem ter respostas porque elas guiarão as escolhas maiores e mais importantes. Uma vez definidas as metas de longo prazo, você precisará definir as metas de médio e curto prazo: "quais são as ações necessárias para que as metas sejam alcançadas?" – faça então essa lista de ações diárias.

❚Força de vontade: Essa é a parte difícil porque é o momento em que você deve lutar contra os impulsos diariamente, através das escolhas conscientes. É a hora em que a sua vontade consciente deve vencer, por exemplo, a preguiça de ir à academia, a vontade de comer doces porque está numa dieta, deve resistir à vontade de xingar quando está com raiva, etc, etc.

❚Dedique seu tempo a outras pessoas: Dedique mais tempo para observar seus colegas de trabalho, mas sem julgamentos. Apenas observe e tente compreender o ponto de vista deles. "Como cada colega enxerga a vida?" "O que ele enxerga diferente de você?". Observe se seus colegas precisam de ajuda, observe o humor deles, perceba do que eles gostam, etc. Isso já ajudará a diminuir o egocentrismo e também ajudará a compreender melhor o outro e reagir de forma equilibrada com relação às outras pessoas, nem passivo demais, nem agressivo demais.

❚Faça um balanço diário: Todos os dias antes de dormir, reserve um tempo para uma breve reflexão sobre o seu dia. Pergunte a si mesmo se cumpriu com suas próprias promessas, se obteve sucesso em suas metas diárias. Se deixou algo a desejar, pense no que pode melhorar no dia seguinte. Assim, dia após dia, com paciência e determinação, você poderá desenvolver o autocontrole e tornar reais seus maiores sonhos.

VOCÊ É AUTOCONFIANTE NO TRABALHO?

Você sente a boca secar, o corpo tremer, o coração disparar, etc, toda vez que precisa falar com o chefe, fazer uma apresentação em público, tomar uma decisão importante no trabalho? Ou então, é perfeccionista demais, sempre se sente culpado quando algo dá errado, é bonzinho demais, busca sempre o reconhecimento dos outros? Saiba que esses são alguns sinais de que sua autoconfiança pode estar em baixa.

Autoconfiança é o sentimento de segurança em suas próprias capacidades; ela é importante para o sucesso profissional porque é a base para comportamentos de iniciativa, proatividade, inovação, condução de processos de mudança, etc.

A falta de autoconfiança pode ser manifestada pelas relações de dependência (tanto com parceiros como com relação a colegas de trabalho e chefia), falta de iniciativa, perfeccionismo (porque o medo de errar é imenso, então se checa várias vezes o mesmo trabalho para certificar-se de que nada está errado), medo de assumir responsabilidades, medo de decepcionar o outro, medo de mudanças, necessidade de reconhecimento e atenção alheios. A falta de autoconfiança traz sentimentos de impotência, insegurança, dúvidas com relação ao seu próprio valor.

Por outro lado, autoconfiança demais também pode ser negativa. Na verdade, pessoas que demonstram autoconfiança em excesso escondem uma baixa autoestima. Usam a máscara da arrogância para esconder a parte frágil da personalidade.

Tanto a falta como o excesso de autoconfiança são causados pela falta de autoconhecimento. Por conhecerem muito pouco de si mesmos, sentem-se inseguros. A referência de ambos os casos são referências externas.

A autoconfiança é um dos pilares da autoestima. A lógica é: se confiamos pouco em nós mesmos, então temos menos autorrespeito, portanto, gostamos menos de nós. A autoestima é formada na infância. Algumas crianças entendem que, para ser amadas precisam ser boazinhas o tempo todo, fazer as vontades das outras pessoas (pais, professores, amigos, etc), e deixam de exercitar suas próprias vontades e capacidades.

Assim, elas se tornam especialistas nas necessidades e potencialidades dos outros, e se esquecem de conhecer suas próprias necessidades e habilidades.

Mas a parte positiva de tudo isso é que autoconfiança tem solução. Abaixo, seguem algumas dicas para você aumentar a sua autoconfiança, e consequentemente, sua autoestima:

▌Aprofunde o autoconhecimento: Conhecer suas potencialidades e fragilidades é imprescindível para desenvolver a autoestima. Se você não souber do que tem medo e quais as armas internas que você tem para utilizar a seu favor, dificilmente conseguirá sair do ciclo vicioso da insegurança e autossabotagem. Esse é um caminho interno, é algo que só você pode fazer por você. A psicoterapia é indicada porque o ajuda a enxergar pontos que você não consegue ver no momento, além de abri-lo para novas possibilidades.

▌Valorize seus pontos fortes: Pessoas com baixa autoestima costumam enxergar apenas suas fragilidades, o que só alimenta o ciclo da baixa autoestima. Reconhecer o que você tem e faz de bom é imprescindível para aumentar o amor próprio, o autorrespeito e a autoconfiança.

▌Exercite a gratidão: Gratidão é base do sentimento de felicidade. Quem não consegue ser grato, jamais conseguirá ser feliz. Pessoas com baixa autoconfiança costumam se queixar do que não possuem, mas não reconhecem e não agradecem pelo que são e pelo que têm. Um exercício simples e prático para desenvolver esse precioso sentimento é listar em um papel pelo menos 10 pontos positivos de si mesmo - podem ser habilidades, qualidades, etc. Se quiser, também pode incluir na lista, coisas ou objetos que você possui e gosta (ex.: casa, carro, livros, etc). Todos os dias de manhã, você deve pegar sua lista e item por item, visualizá-lo e agradecer com todo o coração, o fato de você ter tal habilidade ou objeto que o faz feliz.

▌Cuide do visual: A autoconfiança começa na imagem. Sinta-se seguro no visual. Arrume o cabelo, trabalhe uma maquiagem leve, vista-se adequadamente. Comece a gostar da imagem que você vê no espelho.

▌Execute pequenas metas: Não dá para confiar em quem diz uma coisa e faz outra. Você também se enquadra nessa afirmação. Procure estabelecer pequenas metas, simples e práticas e execute-as. Não deixe para depois. Vença a preguiça e lave a louça de casa assim que terminar o jantar. Não deixe para depois. Ou, no trabalho, você poderá desafiar-se a ser mais participativo nas reuniões. Se você se vencer todos os dias, nada irá vencê-lo. A coerência entre o que você diz e faz ajuda a aumentar a confiança em si mesmo.

❚ Exercite a iniciativa: Aproveite oportunidades para exercitar a iniciativa no trabalho. Ofereça ajuda, pergunte, interesse-se em aprender mais. Você se surpreenderá com a rapidez com que perderá a timidez diante das coisas que é capaz de realizar.

A IMPORTÂNCIA DA "PRESENÇA" NO ATENDIMENTO AO CLIENTE

Já reparou como adoramos uma rotina? Tendemos a fazer compras nos mesmos supermercados, gostamos de ir a determinados restaurantes e farmácias, compramos roupas, perfumes e sapatos de determinadas marcas, enfim, somos fiéis a algumas marcas e estabelecimentos. Em outras palavras, adoramos ser fidelizados! Quando a fidelização acontece é bom para ambas as partes: para o cliente, ela gera a sensação de segurança e familiaridade no ato da compra. E, para a empresa, ela garante a sustentabilidade e crescimento.

O sonho de toda empresa é fidelizar seus clientes. Mas o que fazer para que isso ocorra? Sabemos que para que o cliente volte a comprar no mesmo estabelecimento, é necessário oferecer muito mais que uma fachada bonita, ambiente limpo, estacionamento de fácil acesso, bons preços, programas de benefícios, etc. É preciso oferecer um atendimento excelente, personalizado e com "olho no olho". Isso requer boa vontade, paciência e simpatia sempre por parte do atendente! Apesar de parecer óbvio, muitos pecados ainda são cometidos no momento do atendimento.

A primeira grande queixa dos clientes com relação ao atendimento é a demora. Muitas vezes, os atendentes nem sequer olham para a pessoa que entrou no estabelecimento. No âmbito mau atendimento soma-se a falta de vontade, falta de iniciativa para oferecer produtos agregados, falta de follow-up para saber se o cliente está satisfeito ou se falta alguma coisa, entre outras.

Esse distanciamento entre o atendente e o cliente ocorre por falta de PRESENÇA por parte do atendente. Entende-se por PRESENÇA, o fato de estar não apenas fisicamente presente no ambiente de trabalho mas, principalmente, com a mente e a alma (emoções) presentes em todos os pensamentos e ações durante o período de trabalho.

Para que haja PRESENÇA, é preciso que antes do início do trabalho, o atendente se lembre de sua Missão enquanto atendente. Missão possui dois aspectos importantes "a razão da existência" e a "forma de condução".

Para descobrir qual é a missão do atendente, basta perguntar "para que você existe aqui?", e "o que se espera de um atendente?". A resposta deve ser dada pelo atendente, mas olhando a partir do ponto de vista da empresa e do cliente.

A missão também envolve a marca pessoal do atendente, ou seja, a forma como conduzirá o processo de atendimento é algo muito particular. Costumo dizer que todas as pessoas deixam marcas nas vidas das pessoas que cruzam seus caminhos. Algumas pessoas deixam marcas positivas, enquanto outras deixam rastros de maus relacionamentos, negativismo e destruição por onde passam. Mesmo que você passe apenas cinco minutos interagindo com outra pessoa, esse tempo já foi suficiente para deixar a marca pessoal por meio do atendimento. Para conhecer a marca pessoal é preciso que o atendente responda de forma objetiva a pergunta "qual é a marca que você deseja deixar para as pessoas que passam ou passarão por você?", É amorosidade? É simpatia? É acolhimento? É alegria e suporte? ... Qual é a sua marca?

A consciência da Missão (para quê eu existo aqui, e, que marca desejo deixar para cada cliente que atender) traz a PRESENÇA ao atendente. PRESENÇA é consciência e ser consciente nos torna responsáveis pelas ações. A PRESENÇA o deixa alerta para as necessidades do cliente e não apenas de si mesmo, dá-lhe a sensação de segurança sobre o próprio trabalho, pois ele compreende que por mais que tenha que seguir um processo, ele pode fazer de um jeito muito especial, que é o "seu jeito". Sem PRESENÇA, o atendente facilmente dispersa sua atenção para qualquer outro foco e esquece-se do cliente que está bem à sua frente e ele nem ao menos viu entrar.

PRESENÇA também traz mais felicidade, porque felicidade é um estado de espírito que só é possível ser sentido no momento presente. A cada cliente satisfeito e grato é possível sentir-se feliz. Mas se não houver PRESENÇA, a emoção passará despercebida. PRESENÇA é uma habilidade aprendida, que deve ser desenvolvida, portanto, deve ser praticada todos os dias.

EMPREGABILIDADE EM TEMPOS DE CRISE

Você chega exausto de um dia de trabalho, liga a televisão e as notícias são péssimas: inflação subindo, juros altos, desemprego passando dos 10%, empresas enxugando gastos, você com menor poder de compra, enfim, com tantas más notícias, é natural que o medo do desemprego comece a assombrar.

No idioma chinês, a palavra "Crise" é formada pelos ideogramas "perigo" e "oportunidade". A sabedoria oriental compreende bem a dualidade de momentos como esses. Algumas pessoas conseguem enxergar esses momentos caóticos como sendo boas oportunidades para investir em si mesmas e crescerem, aproveitando as brechas do mercado para tornarem-se mais desejáveis às empresas.

Empregabilidade, segundo Renato Lena, é a capacidade que o trabalhador tem de "conseguir novas oportunidades de trabalho, manter-se empregado e conseguir promoções, por meio de seus conhecimentos, habilidades e atitudes". Aumentar a sua empregabilidade é garantir o melhor lugar mesmo em cenários negativos.

Passar por períodos difíceis requer preparo, foco e um certo controle emocional. Veja aqui algumas dicas de como enfrentar épocas de crise, manter o seu emprego e tornar-se ainda mais desejável para as empresas:

▌Mantenha a calma e planeje: Algumas pessoas entram em pânico só de pensar que podem ser demitidas do emprego ou só de ver os números do desemprego aumentando. Esse desespero só atrapalha porque não lhe permite pensar e planejar. Pensamentos catastróficos causam ansiedade que, por sua vez, causam estresse.

Foque no planejamento e nas oportunidades de crescimento e não nas más notícias que ouve na TV e nos corredores do seu trabalho. Não se permita contaminar com negativismos.

▌Esteja disposto a cortar gastos: Saber economizar e até mesmo cortar despesas supérfluas é algo lógico, mas não simples de se fazer. Algumas pessoas se acostumam tanto com um determinado padrão de vida que, quando precisam renunciar a alguns hábitos de consumo, sentem-se atingidos diretamente na autoestima. Não saber lidar com essa questão pode ser uma armadilha. Lembre-se de que o seu valor não está no que possui e sim no que você é.

❚ Conheça a si mesmo: Pergunte-se: se estivesse disputando uma vaga de emprego, quais seriam as qualidades que o diferenciariam dos demais concorrentes? Se você fosse o dono da empresa, contrataria uma pessoa como você? Sua trajetória profissional é interessante? Você costuma entregar soluções ou tende a reclamar das situações? Quais pontos negativos precisam ser melhorados? Eleja alguns pontos positivos que possam ser enfatizados, trabalhe neles. E observe os pontos negativos que comprometem o seu desempenho e trace um plano de ação para diminuir ao máximo os aspectos negativos.

❚ Mantenha-se atualizado em relação ao mercado: O seu mercado de atuação está em expansão ou declínio? Consegue enxergar áreas pouco exploradas? Como estão suas competências para essas áreas promissoras? Invista em um segundo ou terceiro idioma.

❚ Seja multifuncional: As empresas necessitam de profissionais que sejam especialistas e generalistas, ou seja, que entendam profundamente uma área, mas que também consigam atuar em áreas diferentes. Observe como você está nesse quesito.

❚ Mantenha bons relacionamentos: Sorrir, ser educado, saber negociar, dialogar, comunicar ideias, são habilidades imprescindíveis para a empregabilidade, pois além de melhorar o rendimento do trabalho individual e o desempenho da equipe, pesquisas mostram que de 70 a 80% das recolocações são realizadas por indicação. Portanto, use as habilidades sociais para manter a sua rede de relacionamentos sempre ativa. Cuidado para não procurar as pessoas apenas quando precisa delas.

❚ Marketing Pessoal: Assim como qualquer produto, nós, enquanto profissionais, também temos que cuidar da "embalagem", ou aparência, que envolve não só a roupa, como também a postura, o linguajar, o tom de voz, o sorriso, e outros aspectos que impactam na formação da imagem que as pessoas fazem de nós. Sem perceber, vendemos a nós mesmos e as pessoas saem por aí fazendo a nossa "propaganda", ou seja, falando "sobre nós". Pergunte-se: o que as pessoas falam de você quando você não está presente? Você é uma pessoa confiável? Você efetivamente faz o que promete? Quais comportamentos de iniciativa você exibe diariamente? Quantas sugestões de melhoria você leva para sua empresa? Quantas vezes você se antecipa para solucionar algum problema? Uma vez feita essa avaliação, procure implementar comportamentos que mostrem que você está melhorando a cada dia.

▌Seja adaptável: Quanto mais rápido você conseguir se adaptar aos novos ambientes, situações e pessoas, maior será o seu grau de empregabilidade e menor será o seu estresse. Procure enxergar o lado positivo das situações, e ser menos crítico com as pessoas; isso o ajudará a se adaptar mais rapidamente.

Até aqui falamos para pessoas que já estão em seus empregos e que desejam ampliar o seu valor como profissionais aumentando o seu poder de empregabilidade. Mas se esse não é o seu caso, se você encontra-se desempregado no momento, as dicas a seguir vão ajudá-lo a sair dessa situação mesmo em tempos de crise:

▌Controle o desespero: Na situação de desemprego, é comum as pessoas ficarem desesperadas por "qualquer serviço" e visarem apenas o salário. Ficam felizes quando são rapidamente contratadas, mas quando começam a trabalhar, percebem que não suportam o tipo de trabalho. Esse tipo de erro "queima" o trabalhador, porque o custo de contratação e demissão é muito alto para as empresas. Um funcionário que não sabe o que quer se torna um prejuízo para a empresa. Para evitar esse erro, o ideal é aproveitar o momento para ajustar as metas de sua vida pessoal e profissional e traçar um plano de ação direcionado para o futuro que você deseja. Busque oportunidades nas áreas afins, pois isso possibilitará que, mesmo que se empregue em algum cargo que não era seu objetivo final, pelo menos ele está próximo e mais fácil de ser alcançado.

▌Revise seu currículo: Observe se seu currículo enfatiza seus diferenciais e pontos positivos. Analise também se ele é atraente ou não às empresas, e estude como melhorar suas qualificações. Muitas vezes, há vagas, mas não há pessoas qualificadas para ocupá-las.

▌Utilize os recursos Online: Sites de redes sociais também ajudam bastante no contato com futuros contratantes. O LinkedIn é bastante utilizado por empresas. Vale a pena diversificar.

▌Acione sua rede social: Pesquisas indicam que apenas 20% das recolocações são feitas da forma tradicional como envio de currículos, inscrições em sites de vagas, etc. Entre 70% e 80% das recolocações são feitas por indicação, como já citamos. Lembre-se de que a rede social deve ser alimentada o ano todo.

▌Aproveite para se desenvolver: Se você tem recursos financeiros, a fase é boa para investir em uma especialização ou em um curso de idiomas. Mas se você não pode gastar dinheiro, há outras formas de se atualizar: leia livros, revistas, artigos na internet, etc., crie o hábito de aprender sozinho!

▌Reflita sobre seus erros: Aproveite para pensar sobre por que você foi escolhido para ser demitido. Ou, por que você vai mal nas entrevistas de emprego? Pense nos pontos que você deve melhorar para se tornar mais atraente aos olhos das empresas.

▌Cuide de sua aparência e saúde (física e psicológica): É comum a autoestima sofrer danos no período de desemprego, e um erro muito comum é a pessoa desleixar na aparência e nos cuidados com a saúde. O que você menos precisa nesse momento é de uma depressão e doenças físicas. Portanto, faça caminhadas, exercite-se e mantenha seu espírito otimista para se preparar para as oportunidades que surgirão. Vista-se bem, pois você nunca sabe com quem irá encontrar e, às vezes, de um encontro informal, pode surgir uma proposta de emprego.

▌Treine habilidades desejáveis: Atualmente as empresas desejam profissionais rápidos, que demonstram iniciativa e que sejam proativos. Saiba que esses comportamentos podem ser exercitados em casa. Por exemplo, ao ver louça para lavar na cozinha, ou outro afazer doméstico, não hesite, faça na hora! Saiba que os hábitos que você tem em casa são levados para o trabalho. Quem é preguiçoso em casa, o será no trabalho.

▌Seja ativo nas buscas: Não espere o telefone tocar. Tenha uma postura ativa e saia em busca dos contatos. Apresente-se às pessoas e às empresas, aceite convites para festas. Happy hours, reuniões, etc, são oportunidades de estar com pessoas que estão ativas no mercado de trabalho e uma indicação delas é muito valiosa nesse momento. Faça um cartão de visitas com seus contatos e ande sempre com ele.

▌Seja rápido na resposta: Caso o telefone toque ou receba um e-mail do recrutador, responda rapidamente. Coloque a entrevista como prioridade.

▌Trabalhe a paciência, a perseverança e a humildade: Esse é um momento que requer muita paciência, que é o contrário da ansiedade. Muita perseverança para acordar motivado todos os dias em busca do seu objetivo, e também muita humildade para aceitar ajuda. Orgulho e prepotência só atrapalharão o seu sucesso.

Pode ser que as vagas não apareçam da forma que você deseja, mas fique atento para outras vantagens que a empresa pode lhe oferecer. Observe se a empresa oferece oportunidades de crescimento; esteja aberto para negociar benefícios e não focar apenas no salário.

❚ Pense se é o caso de você iniciar seu próprio negócio: Algumas pessoas aproveitam o período de desemprego para retomar o antigo sonho de ser dono do próprio negócio.

CUIDADOS NA ELABORAÇÃO DO CURRÍCULO

Muitas dúvidas surgem quando precisamos elaborar um currículo. Tudo passa a ser motivo para preocupação: experiências diversificadas demais, falta de experiência, pouca especialização, etc, etc.

Um dos erros mais comuns que os candidatos cometem é elaborar apenas um modelo de currículo e distribuí-lo para todas as empresas que aparecem na frente, sem levar em conta o perfil do cargo e as necessidades da empresa.

No desespero de conseguir um emprego, os candidatos se esquecem de pontos essenciais como objetividade e clareza. Os profissionais que trabalham na área de seleção recebem centenas de currículos diariamente e quanto mais precisas forem as informações, maiores são as chances de o candidato ser chamado para a entrevista. Sendo assim, é preciso personalizar o máximo possível o seu currículo para a vaga pretendida, enfatizando pontos positivos e competências que possam agregar valor à empresa contratante.

Caso o candidato tenha muitas habilidades e possa se encaixar em diversos cargos, o melhor seria ter mais de 1 modelo de currículo, um para cada área.

Agora o ponto mais importante para o qual gostaria de chamar a atenção é que ao procurar um emprego leve em consideração o seu ideal de vida, não procure um emprego qualquer apenas para conseguir dinheiro para pagar as contas. Pense que terá que passar muitas horas e muitos dias de sua vida executando determinadas funções e que, se não houver prazer em tais ações, o desgaste emocional se tornará insuportável.

Através do trabalho colocamos o nosso potencial de realização em prática, nos desenvolvemos e nos realizamos como pessoa, através do trabalho temos oportunidade de desenvolver humildade, paciência, perseverança, coragem, e muitas outras virtudes. Então, não trate seu emprego como um emprego qualquer. Trate-o como um caminho de possibilidades de trazer boas realizações para esse mundo.

Abaixo, algumas dicas para a estruturação do currículo:

❚Identificação: Nacionalidade, idade, estado civil, endereço, telefone, celular, e-mail. O nome deve ser colocado centralizado no alto da folha, em fonte maior, veja exemplo:

NOME COMPLETO

Nacionalidade, Idade, Estado Civil

Endereço

Contatos

Não é necessário escrever "Curriculum Vitae" no início do currículo.

❚Objetivo: Cargo ou área de interesse. Deve vir logo abaixo do item "Identificação"

❚Qualificação Profissional (resumo das competências): Síntese breve das competências. Valorize os conhecimentos adquiridos e conquistas realizadas.

Escreva frases contendo verbos de ação, como por exemplo, *implantei, realizei, coordenei*. As frases devem descrever sucintamente o que foi realizado e quais os resultados para a organização. Esta parte do currículo é muito importante, pois é nesse pequeno espaço que o selecionador se deterá mais para analisar se você tem ou não condições de concorrer à vaga.

❚Formação Acadêmica: Deve conter nome do curso, instituição, ano de conclusão. Começar pelo mais recente.

❚Experiência Profissional: Colocar em ordem cronológica decrescente: Período (mês/ano de entrada e saída). Nome da empresa (ramo, faturamento, n.º empregados), cidade e cargo (função).

Caso não tenha trabalhado: enfatize a vida acadêmica. Ex.: representante de classe, membro de Diretório Acadêmico, etc. Atividades voluntárias e esportes também podem ser incluídos.

Cursos Complementares: Coloque os mais significativos – relacionados à vaga: nome, instituição, período. Iniciar pelo mais atual. Este item pode ser colocado após a experiência profissional caso os cursos, sob o olhar da vaga pretendida, pesem menos que a experiência.

Conhecimento em Idiomas: Descreva o nível de conhecimento (conversação, leitura e escrita).

Conhecimento em Informática: Descreva os softwares que domina e cursos (se tiver).

Atividade voluntária: Pode ser mencionado, principalmente, em casos de pouca experiência. Ressalte as atividades que agreguem valor ao objetivo do currículo.

ERROS QUE DEVEM SER EVITADOS NO PRIMEIRO EMPREGO

Há alguns anos, os jovens começavam a trabalhar cedo, na maioria das vezes, ajudando os pais e, aos trancos e barrancos, aprendiam a lidar com clientes, negociar, vestir-se para o trabalho, resolver problemas, etc. Hoje as coisas mudaram. A maioria dos jovens é poupada do trabalho na juventude e a escola passou a ser a principal responsabilidade. Isso fez com que os jovens chegassem ao mercado de trabalho com uma boa bagagem técnica, alguns já pós-graduados, com domínio de duas ou três línguas, mas com pouca experiência prática. E é justamente essa última a responsável pelas demissões.

Existem alguns erros muito comuns que podem ser evitados no primeiro emprego. São eles:

▌**Chegar atrasado:** Ser pontual demonstra disciplina, responsabilidade, e interesse. Por outro lado, chegar atrasado demonstra falta de organização, falta de comprometimento e desleixo, e isso pode destruir a confiança que a empresa depositou em você, e queimar sua imagem profissional. Para não cair nessa armadilha, planeje sua agenda no dia anterior, adiantando atividades como:

Deixe a roupa que irá usar já separada, incluindo os calçados;

Se levar marmita calcule o tempo de preparo, verifique se há todo material de que precisa e deixe tudo "no jeito".

Deixe o dinheiro da condução, material de trabalho, bolsa, etc., já prontos para "pegar e sair";

Verifique o itinerário, calculando o tempo de deslocamento até o local. Nos primeiros dias tente chegar pelo menos meia hora antes para estudar o local e se familiarizar com os procedimentos do seu novo trabalho;

Certifique-se de que o despertador está funcionando.

Querer ter razão: Os jovens de hoje adoram participar, palpitar, criar, etc. Isso é muito positivo, mas em algumas ocasiões isso pode soar como enfrentamento ou rebeldia. Nos primeiros dias de trabalho, procure ouvir mais, e questionar menos. Os questionamentos serão bem-vindos após um tempo de trabalho. O tempo o ajudará a compreender o por quê de alguns procedimentos. Dessa forma você evitará desgastes desnecessários e os "choques" com as gerações mais antigas no trabalho. Essa também é uma boa forma de desenvolver a paciência.

Usar o celular durante o expediente: Alguns jovens são simplesmente viciados em seus smartphones, vivem checando mensagens, navegando pela internet, ouvindo músicas, e participando dos chats dos inúmeros grupos dos quais fazem parte. É importante lembrar que, ao contratá-lo, a empresa fez um acordo com você: trocou suas horas de trabalho por salário. Sendo assim, você está sendo pago para trabalhar naquele período estipulado, e entregar os resultados combinados. Portanto, desde o início crie o hábito de deixar o celular guardado na bolsa, no modo silencioso e verificá-lo apenas em momentos de folga, na hora do almoço, por exemplo. Evite carregar o celular o tempo todo com você, pois isso faz com que você distraia sua atenção sem ao menos perceber.

Sair antes do horário: Tem gente que além de chegar atrasado, ainda quer sair antes do horário. Nunca faça isso! Impulsionados pelo desejo de viver a vida intensamente, muitos jovens cometem o erro de marcar compromissos "encavalados" com o horário de trabalho, o que distrai a atenção do trabalho e ainda gera ansiedade. É compreensível que você deseje estar com os amigos, mas lembre-se que só está começando a construir sua vida profissional, portanto, deve aprender a fazer escolhas. Evite também sair para baladas durante a semana; chegar com cheiro de álcool ou faltar no trabalho porque não conseguiu levantar é "queimar o filme" feio!

Viver num casulo: Muitos jovens sofrem com a timidez e com os conflitos típicos da idade. A adolescência é um período em que os jovens ainda estão firmando suas identidades. Ao mesmo tempo em que desejam ser independentes e mostrar que são donos de si, eles ainda não o são. Por outro lado, muitas situações, inclusive as do primeiro emprego, são geradoras de grande sofrimento, pois ainda há muitas dúvidas sobre como se comportar, inseguranças sobre o que as pessoas esperam deles, o medo de "pagar mico", e de outros julgamentos negativos, etc. Esses conflitos podem fazer com que o jovem tímido se feche no seu mundinho particular, evitando relacionamentos e conversas e, ao mesmo tempo, perdendo grandes chances de mostrar o seu talento e de aprender coisas novas.

❚ Fazer apenas o que é solicitado: A falta de iniciativa é uma das grandes reclamações das empresas. Uma das formas de criar uma imagem profissional positiva é mostrar-se interessado: oferecer ajuda, interessar-se pelos processos da empresa, perguntar, estudar processos, são coisas que você pode fazer. Além da imagem positiva, com essa postura, você já criará um hábito bastante positivo que é o de ser curioso, de ser um pesquisador de sua própria empresa, tentando entender e melhorar os processos gerando soluções positivas. Dessa forma, você consegue ajudar a empresa a crescer e você cresce junto!

❚ Se envolver em fofocas: É muito comum existirem fofocas em ambientes de trabalho. Na convivência com colegas de trabalho é comum os jovens ouvirem desabafos, piadinhas relacionadas à empresa ou líderes, etc. Por natureza, e também própria pela fase de desenvolvimento, os jovens possuem um desejo de lutar por justiça e, muitas vezes, acabam "comprando brigas" que não são deles, ludibriados por fofocas de corredores, envolvendo-se em problemas desnecessários. O aprendizado aqui é conseguir manter relacionamentos saudáveis, baseados no respeito mútuo, porém mantendo o foco no seu próprio trabalho e resultados. Caso algum colega comente algo que soe como fofoca, apenas ouça e cale-se, evite comentar e passar a informação adiante. Deixe que seu próprio colega resolva o problema que é dele.

Pílulas Mágicas para Crescer

" O que você precisa saber para aumentar a produtividade e fugir das armadilhas do dia a dia que roubam tempo e energia, minam a motivação e atrapalham os relacionamentos no trabalho. "

O PODER DO SORRISO

O sorriso é uma reação humana gerada no cérebro e baseada nas emoções agradáveis, como simpatia e felicidade que sentimos no momento. O sorriso é poderoso porque atrai pessoas. Todo ser humano carrega em seu íntimo um profundo desejo de ser amado, admirado, querido. Ninguém deseja a rejeição e a solidão.

Sorrir para outra pessoa é como mostrar o quanto ela é bem vinda e aceita. Mostra que estamos "desarmados" e nos abrindo para um relacionamento amistoso e acolhedor. Em outras palavras, o sorriso mostra as nossas boas intenções.

Imagine uma mulher numa festa vestindo uma roupa caríssima e cheia de joias, mas com uma expressão carrancuda e mal humorada. Por mais que esteja bem vestida, sua expressão carrancuda apagará o brilho das joias e do vestido, e o que ficará evidente é a impressão de arrogância. As pessoas terão receio de se aproximar dela porque não querem correr o risco de serem rechaçadas. Enquanto que, se a mesma mulher apresentar um belo sorriso, todo o conjunto se modificará, seu sorriso aumentará o brilho das joias, ela se tornará mais bonita e atraente, e as pessoas constelarão à sua volta.

O sorriso aplicado no cenário dos negócios também é muito positivo e importante, pois ao receber o cliente com um sorriso, o vendedor já mostra suas boas intenções e que se sente feliz não só pela presença do cliente, mas também com o que faz. O cliente se sente aliviado, pois tem a sensação de que se algo de errado acontecer, ele terá um parceiro para ajudá-lo a resolver o problema.

O sorriso também pode facilitar as paqueras. Homens entendem o sorriso feminino como um "sinal verde". Mulheres que não sorriem afastam as possibilidades de aproximação, porque os homens entendem que não estão agradando e temem serem rejeitados.

De um modo geral, em todas as situações, não sorrir ou, pior ainda, manter a "cara fechada", afasta as pessoas, sejam clientes, parceiros amorosos, amigos, etc. Pessoas carrancudas, sérias demais ou que raramente sorriem, remetem ao pessimismo, à energia negativa, chateação, raiva, rancor, etc, dando a impressão de rejeição ao contato. Diante da "cara fechada", as pessoas sentem que não são bem-vindas ou desejadas, e, inconscientemente, se colocam na defensiva, pois terão "lido" sinais de rejeição.

Por desejarmos a felicidade, temos a tendência a nos sentirmos atraídos por pessoas que manifestam felicidade. Pessoas que não sorriem demonstram que estão longe da felicidade. Como os seres humanos fogem do sofrimento, pessimismo, mau humor e qualquer outro estado de espírito considerado negativo, de forma consciente ou até mesmo inconsciente, preferem manter distância de pessoas carrancudas.

Por outro lado, sorrir demais também pode ser um problema em determinadas situações. Por exemplo, em reuniões sérias sorrir demais pode parecer deboche ou falta de seriedade. Sorrir demais em velórios também não é nada agradável.

Homens e mulheres têm modos distintos de reagir e expressar sentimentos, isso porque existe uma diferenciação na expressão masculina e feminina. Mulheres tendem a usar muito mais expressões faciais para demonstrar emoções, enquanto homens demonstram poucas expressões faciais e mais corporais. Mulheres que sorriem demais em assuntos sérios podem passar aos homens a impressão errada.

É importante enfatizar que o sorriso, para ter um impacto positivo, precisa ser autêntico! Isso porque o nosso cérebro é capaz de perceber rapidamente um sorriso falso, e quando isso acontece, a reação pode ser de desconfiança. Veja como isso acontece: O sorriso é formado por dois músculos faciais, sendo que um deles conseguimos controlar de forma consciente, que é o que levanta os cantos da boca, mas o segundo músculo é involuntário, comandado pelas emoções e controla os músculos que circundam os olhos. Um sorriso autêntico precisa necessariamente movimentar os dois músculos, os da boca e dos olhos. É daí que vem a expressão "sorrir com os olhos".

Já deu para perceber que quem não sorri perde o melhor da vida! Perde em demonstrar felicidade, em atrair pessoas, fazer amigos, de ser querido pelos clientes e parceiros de negócios. Quem deixa de sorrir, perde a oportunidade de deixar uma marca positiva por onde passa. Nem sempre é possível falar com todas as pessoas à nossa volta deixando uma mensagem positiva, mas é possível sorrir e, com o nosso sorriso, podemos tornar o dia das outras pessoas muito mais positivo.

Saiba que sorrir também é um hábito, portanto, basta exercitar os músculos diariamente de forma que eles respondam quando necessário. Olhe no espelho, treine o sorriso. Sorria de várias formas. Sorria com os olhos, sorria com a voz, e sorria para a vida!

VOCÊ É EXIGENTE DEMAIS?

Entregar um trabalho perfeito é o sonho de todo trabalhador. Todos nós saímos de casa para deixar uma marca positiva através dos trabalhos que realizamos. Entretanto, quando o excesso de zelo ultrapassa os limites, o resultado pode ser exatamente o contrário do que se busca.

O grande vilão do perfeccionismo é o crítico interno. Pessoas exigentes demais possuem um crítico interno muito forte. Não toleram erros alheios, e principalmente, não sabem lidar com os próprios erros. Por conta do medo de errar tornam-se pessoas tensas, rígidas, estressadas, sobrecarregam-se de trabalho e acabam adotando padrões negativos de comportamento.

O crítico interno faz com que a visão sobre os detalhes aumente ao mesmo tempo em que afunila a visão global do processo. Conheça alguns sinais que mostram se você é exigente demais:

Atrasa a entrega de trabalhos: A atenção demasiada nos detalhes faz com que o perfeccionista perca a noção de tempo.

Sente-se sobrecarregado de trabalho: O perfeccionista sempre acha que o **tempo nunca é suficiente** para a quantidade de tarefas que tem a cumprir. É comum permanecer além do horário para terminar tarefas não cumpridas durante o expediente.

Sente-se estressado: Sente dificuldade em "desligar" das atividades da empresa. Mesmo quando está em casa, seus pensamentos não param de repassar tarefas que ainda precisam ser cumpridas. O pensamento ansioso (preocupado com o futuro) gera estresse, e o estresse leva à irritação. É comum ver o perfeccionista reclamando de tudo e de todos.

Leva trabalho para casa: O perfeccionista não reclama de levar trabalho para casa. Aliás, para ele é uma prática comum. Para o perfeccionista, o mais importante é entregar um bom resultado, não importa quanto tempo leve e esforço precise dispender para isso.

Tem dificuldade para delegar tarefas: O perfeccionista tem dificuldade em trabalhar em equipe porque não confia na forma como o colega fará o trabalho. Para ele, ninguém conseguirá executar o trabalho melhor do que ele. Por essa razão, não delega tarefas mesmo quando está sobrecarregado. Além disso, como também é bastante crítico, tem o hábito de criticar as ideias dos colegas, o que reforça a atitude de que seu modo particular de trabalho é superior ao dos colegas.

Prejudica o tempo de lazer: É comum o perfeccionista roubar o tempo da família e dos amigos para se dedicar ao trabalho. Seu crítico interno não permite que ele simplesmente relaxe. Relaxar para ele significa ser desleixado. Tem a crença errônea de que se relaxar, ficará tão folgado que não conseguirá trabalhar com o mesmo afinco.

Se você se identificou com pelo menos 3 pontos dos acima citados, então veja algumas dicas para diminuir o crítico interno e aumentar a qualidade de vida no trabalho:

Perdoe a si mesmo: O perfeccionista tem muita dificuldade para lidar com erros. Entretanto, errar é humano e, muitas vezes, o aprendizado vem dos erros. Perdoar a si mesmo é a principal virtude que deve ser desenvolvida pelo perfeccionista. Perdoar significa reconhecer que é humano e não deixar de amar a si próprio por isso. Nunca diga "que burro que eu fui" quando cometer algum erro. Ao invés disso, pergunte-se "Que lição posso tirar dessa experiência?". Se não aprender a perdoar a si mesmo, jamais conseguirá perdoar os erros dos colegas, jamais chegará a trabalhar em equipe, e muito menos ser um bom líder.

Planeje o trabalho com visão global, depois afunile: O perfeccionista não é prático, ele é detalhista. Por isso deve desenvolver a praticidade. Ao planejar, tenha clara sua meta final. Calcule quanto tempo tem para entregar o trabalho. Depois, divida em pequenas tarefas estabelecendo prazos para cada etapa. Cumpra cada etapa de forma geral e só depois olhe os detalhes.

Aprenda a delegar: Delegar não significa "largar" o trabalho para alguém. Ao delegar a responsabilidade sobre uma tarefa, ela continua sendo sua. Por isso, procure delegar tarefas mais operacionais, porque são mais fáceis de supervisionar e ensinar. Discuta com seu colega a melhor forma de executar a tarefa e deixe claro até que ponto vai a autonomia. A delegação ajuda a desenvolver a confiança no outro e também a aceitação e valorização da ideia do outro.

▌**Tenha tempo para você:** Qualquer coisa em excesso é prejudicial. Não há como executar um bom trabalho se você se sente exausto e sobrecarregado de trabalho. Aprenda a relaxar e sentir prazer no que faz. O bom trabalho deve ser feito com alegria e não como se alguém estivesse apontando uma arma contra a sua cabeça. Trabalhar sob pressão não é positivo, ainda mais quando a pressão vem, principalmente, de você mesmo.

APRENDA A DIFERENCIAR: PRIORIDADE E URGÊNCIA

Na correria do dia a dia, é muito comum nos comportarmos como verdadeiros bombeiros "apagando incêndios". Tudo se torna urgente, tudo é "para ontem"! Chega o ponto em que a produtividade cai e não entendemos por que, uma vez que estamos trabalhando no limite!

Saber diferenciar o que é prioritário e o que é urgente pode ser a chave para manter a produtividade em alta. Nem sempre o que é urgente é importante. E ao criarmos o hábito de simplesmente "apagar incêndios", perdemos a capacidade de refletir se aquilo que estamos fazendo realmente será importante para o resultado final.

Urgente, mas não prioritário, seria, por exemplo, retirar caixas empilhadas que estão bem na frente da porta atrapalhando a passagem. É urgente porque está atrapalhando, mas não é prioritário porque retirá-las não irá impactar diretamente no resultado do seu trabalho.

Por outro lado, há tarefas como, por exemplo, enviar um relatório para o cliente até o final do expediente, que é considerada urgente e importante.

Para saber se as tarefas são realmente urgentes e prioritárias, você deve levar em consideração três critérios:

- **Prazo de entrega:** Se o tempo para execução da tarefa é curto, então ela se torna urgente.

- **Resultado:** Pondere o quanto a tarefa irá impactar no resultado final.

- **Equação de pareto:** O *Princípio de Pareto* foi criado por Vilfredo Pareto, em 1897. A princípio, a equação foi utilizada em um estudo da área da Economia para comprovar que a concentração da maior parte da riqueza mundial (80%) estava nas mãos de uma pequena parcela da população (20%). Após a segunda guerra mundial, a teoria foi absorvida pelas indústrias que passaram a aplicá-la no controle de qualidade e desempenho.

O raciocínio aplicado à gestão de desempenho diz que 20% do que realizamos é responsável por 80% do resultado. E 80% das atividades trazem apenas 20% do resultado. Essa equação pode ser aplicada em diversas situações, por exemplo: 80% das vendas são ganhas, frequentemente, com 20% dos produtos da empresa; 80% das licenças médicas são concedidas a 20% dos funcionários de uma empresa; 80% do total de tempo dos telespectadores é gasto assistindo a 20% dos programas mais populares; 80% de toda a riqueza estava nas mãos de no máximo 20% da população; etc. Aplique essa equação em suas atividades e veja quais são as atividades que trazem o maior resultado para definir as tarefas prioritárias, direcione sua atenção para essas atividades e, com certeza, seu desempenho será muito melhor.

VOCÊ PERDE A MOTIVAÇÃO PARA O TRABALHO COM FACILIDADE?

Motivação é um estado de espírito muito parecido com felicidade, prazer, alegria e satisfação. A falta de motivação, por outro lado, é caracterizada pelo desânimo, sensação de frustração ou de impotência. Se você se sente assim com relação ao seu trabalho, fique atento aos inimigos da motivação, você pode estar sendo vítima deles.

▍Inimigo 1 – FALTA DE CONSCIÊNCIA: Motivação significa "motivo para a ação". Se você não tem consciência do motivo pelo qual você executa seu trabalho, dificilmente conseguirá manter-se motivado. Por exemplo, a motivação de um médico pode ser "salvar vidas", a de um arquiteto pode ser "tornar a vida dos outros mais bonita e agradável por meio dos projetos", etc. O trabalho que você realiza, mesmo que não seja o seu objetivo profissional final, deve fazer algum sentido para você. Por exemplo, pode ser que hoje você atue em uma área que não é a desejada, mas se você entender que as habilidades que está desenvolvendo no trabalho atual o ajudarão a desenvolver o trabalho dos seus sonhos futuramente, você encontrará motivos para realizá-lo com prazer. Pessoas motivadas possuem metas de vida claras e bem definidas, pensam nelas diariamente, alimentando seus sonhos e sua fé. Isso fortalece o subconsciente dando mais força psíquica para enfrentar os momentos de dificuldade.

E atenção! Costumo ouvir de algumas pessoas que sua motivação para o trabalho é o salário. Não caia nessa armadilha. Dinheiro, segundo as pesquisas sobre motivação, está entre os mais baixos fatores de motivação. A motivação pelo dinheiro acaba assim que você recebe o seu salário.

▍Inimigo 2 – FOCO NOS PROBLEMAS: Uma vez que você desvia a atenção dos seus sonhos, daquilo que o motiva, automaticamente o seu foco recai sobre os problemas. É comum iniciarmos atividades novas bastante motivados (dieta, exercícios, trabalho novo, curso novo, etc), mas é difícil manter o entusiasmo até o final.

Se você fizer um comparativo entre seus pensamentos no início das atividades e depois de certo tempo, verá uma grande diferença. Por exemplo, lembre-se do dia em que recebeu a notícia do RH de sua empresa de que passara no processo seletivo. Lembre-se de sua alegria e pensamentos que se seguiram logo nos primeiros dias. Provavelmente, seus pensamentos giraram em torno de afirmações parecidas com "Como estou muito feliz por estar aqui, aprenderei bastante com os desafios", ou "gostei muito das pessoas aqui, o clima é muito bom!", ou "estou animado para começar a trabalhar e mostrar meu potencial", etc.

Repare que após certo tempo, os pensamentos mudam para algo do tipo "não suporto esse cara do departamento 'x', vive fazendo piadinhas e comentários desagradáveis", "não suporto ter que falar com 'fulano', ele é tão arrogante!", ou "nossa, essa empresa tem tantos problemas que não têm solução...não sei o que estou fazendo aqui...", "ô povo para fazer corpo mole nessa empresa! Se deixar, querem que eu faça tudo sozinho!".

Perceba que os pensamentos foram de um extremo animado e motivado, focado na meta final, que era crescer profissionalmente, fazer o melhor trabalho, etc, para outro extremo em que o foco principal passou a ser "o cara chato e arrogante", "os problemas da empresa", "o pessoal que faz 'corpo mole'", etc. Nenhum ser humano trabalha para o pior. Trabalhamos apenas para o melhor para nós. Não há como ficar motivado para o trabalho se você pensa que no ambiente de trabalho encontrará apenas coisas negativas. Quanto mais você pensa em seus sonhos, mais fortes eles se tornarão. A mesma coisa se dá com os problemas: quanto mais você pensa neles, mais fortes eles se tornarão. A questão é: você passa a acreditar naquilo que você pensa. A parte boa é que você pode escolher no que pensar!

▌Inimigo 3 – O PAPEL DE VÍTIMA: Ocorre quando a falta de motivação já se instalou. Um dos sintomas da vítima é a falta de autoestima e, com ela, a falta de autoconfiança. A vítima se sente mais azarada do que outras pessoas, ou acha que há algo errado com ela. Sente pena de si mesma e pequena frente aos problemas. Esse estado psicológico a faz colocar a culpa em outras pessoas por situações negativas de sua vida. E se especializa em dar justificativas.

80   Pílulas Mágicas para Crescer

Para sair do estado negativo, é preciso mudar a forma de ver o mundo e a si mesmo. Comece resgatando a autoconfiança em si mesmo. A autoconfiança se dá na coerência entre o que se fala e faz. Comece com coisas simples, por exemplo, se você é tímido e deseja melhorar, estabeleça a meta de cumprimentar as pessoas do trabalho todos os dias, em bom som, mesmo que elas não correspondam. Faça isso por você. Depois, estabeleça outras metas simples e execute-as. Chegará o momento que você se sentirá mais confiante em estabelecer metas mais ousadas. Verá que resgatou a confiança em si mesmo, e que é uma pessoa que fala e faz! Uma vez mais autoconfiante, poderá estabelecer metas motivadoras para o seu trabalho e lutar por sua felicidade!

O PODER CRIADOR DAS ATITUDES

Às vezes ouvimos pessoas dizendo "tome uma atitude!", referindo-se ao comportamento. Na verdade, a atitude é uma ideia que antecede o comportamento. A atitude é o posicionamento favorável ou desfavorável que temos sobre determinadas situações, assuntos, pessoas ou objetos, e são formadas com base nas nossas crenças e valores. Por exemplo, ser contra ou a favor do cigarro, contra ou a favor da política atual, etc.

As atitudes predispõem comportamentos, ou seja, tendemos a nos comportar de acordo com as nossas atitudes. Por exemplo, se sua atitude é contra o cigarro, a tendência é que você não fume, e quando não o faz, você se sente bem consigo mesmo. Isso ocorre porque quando temos coerência entre a atitude (o que pensamos) e o comportamento (o que efetivamente fazemos) nos sentimos íntegros, e isso aumenta nossa autoestima e confiança em nós mesmos.

Mas é claro que essa coerência entre o que dizemos e fazemos nem sempre acontece. Por exemplo, imagine um adolescente que tenha uma atitude negativa com relação ao cigarro, mas por pressão dos amigos, numa festinha, acaba participando de uma roda de fumo apenas para agradar os amigos. Caso isso aconteça com muita frequência, se suas crenças e atitudes forem muito fortes, talvez esse jovem tenha uma crise de consciência, porque terá um conflito entre o que pensa e aquilo que faz.

Todo esse processo ocorre num nível inconsciente, normalmente não paramos para pensar sobre isso, e simplesmente agimos. Mas existe outra coisa que não sabemos sobre as atitudes: quando nos focamos demais nas atitudes negativas, ou seja, naquilo que não queremos para nós, acabamos nos colocando numa prisão psicológica chamada autossabotagem. Vamos entender como isso funciona.

Há um grande perigo por trás de comentários aparentemente inofensivos e que fazemos diariamente como "estou preguiçosa(o)", "não quero ficar pobre", "não quero ficar doente", "não quero dívidas", etc.

Quando proferimos uma frase, automaticamente uma imagem se forma em nossa cabeça. A nossa mente só pensa por imagens. Quando você diz "não quero ficar doente" ou "não posso ficar doente", a imagem mental criada é de você doente na cama. Isso ocorre porque nosso cérebro não entende a palavra "não". A mente simplesmente tira o "não" e fica o restante da frase. No caso do exemplo, tirando o "não", a frase ficaria: "quero ficar doente". A mesma coisa se dá com a afirmação "não posso gastar dinheiro".

Essa autossabotagem ocorre pelo desconhecimento das leis do cérebro. A mente é a criadora de toda a realidade existente dentro e fora de nós. Qualquer projeto começa na mente. O corpo, por ser um instrumento da mente, apenas executa aquilo que a mente ordena. Isso vale também para os casos de doenças. Sim, é possível criar uma doença através da própria mente. Por exemplo, quando você diz "Precisava fazer exercício, mas estou com uma preguiça...", a imagem mental criada é de você mesma(o) cansada(o). O corpo automaticamente responde ao comando e você já se sente mais cansada(o) do que antes.

Para dar o comando correto é preciso pensar no resultado desejado. Por exemplo, se quer saúde, afirme: "Sou saudável". Essa afirmação faz a mente criar uma imagem de si mesma(o) saudável, com vigor e energia. Seu corpo automaticamente reagirá ao comando dado. Manter uma atitude positiva significa pensar firmemente nos resultados que você deseja em sua vida, e não no que você evita. Ter metas definidas, com uma boa estratégia de execução, trabalhar diariamente de forma objetiva, ou seja, avaliando diariamente se suas ações estão condizendo com seu propósito, é o melhor caminho para fugir das autosabotagens, pois mantém suas mentes consciente e inconsciente trabalhando juntas para aquilo que você deseja.

Quando alinhamos a mente racional e a mente inconsciente, passamos a trabalhar com a poderosa energia da motivação, que é um estado emocional muito parecido com felicidade. Toda imagem gera uma emoção. Se eu pedir para pensar em algo que o deixa muito feliz, sua mente localizará o episódio e logo seu estado emocional será de felicidade. Da mesma forma, se você pensar em algum episódio de muita tristeza em sua vida, sua mente localizará o episódio e logo você se sentirá triste. E isso determinará a força, a persistência e a constância de suas ações.

A palavra "emoção" vem do latim "emovere" que significa "que o põe movimento". As emoções determinam não só a qualidade dos comportamentos (mais vigor, menos vigor, mais intensidade, rapidez, lentidão, etc) como também a qualidade da energia que vibramos.

Emoções potencializam a imagem mental. Algumas pessoas atraem o que não querem justamente porque pensam firmemente naquilo que não querem e, por vibração, atraem as situações. Por exemplo, uma pessoa que tem muito medo de assalto acaba por criar durante o dia diversas cenas mentais de violência e perigo. Ao pensar nisso, a emoção gerada no corpo é o medo. A crença é de que o mundo é perigoso, e a atitude gerada é defensiva. O foco se torna o perigo. O corpo vibra tensão, ansiedade, perigo. Por similaridade, essas pessoas acabam por atrair situações parecidas, pois passam a maior parte do tempo alimentando esse tipo de imagem mental, e se sentem atraídas por noticiários, filmes, e qualquer tipo de informação que fale de violência ou medo. Portanto, é importante você ter consciência do tipo de pensamento que alimenta todos os dias.

A única forma de sair dos ciclos de autossabotagem é mudando o comando mental e a atitude frente à vida. Tenha o hábito de dar o comando correto para sua mente consciente e inconsciente. Ao invés de pensar "Não quero doença", pense "Sou saudável, me sinto bem e disposto!". Alimente esse pensamento imaginando suas células se enchendo de energia, luz e levando essa energia para todo o seu corpo. Se for espiritualista, imagine como se fosse a força divina que o comanda, tomando conta do seu corpo, aumentando sua energia e curando seu corpo. Depois, simplesmente confie!

Trabalhar com base nas atitudes positivas (o que eu gosto, quero e desejo) é melhor que trabalhar sobre as bases negativas (o que me faz mal, o que não gosto, o que não compartilho). A atitude positiva aumenta sua autoconfiança, alinha desejos com ações com mais facilidade e aumenta a sensação de poder para enfrentar os desafios.

Procure ocupar sua mente com coisas positivas, como um projeto que você deseja muito. Isso ajuda seu estado de espírito a ficar positivo. Isso é importante porque esse pensamento gera emoção positiva, preenche seu corpo com energia motivacional e vigor. A sensação de bem estar também traz mais disposição para realizar atividades.

O segredo de uma atitude positiva para o trabalho requer pensamentos (imagem) e sentimentos coerentes e positivos, de forma a criar uma sensação de bem-estar e positividade para enfrentar o dia de trabalho. Essa receita funciona para qualquer intenção, seja para alcançar uma meta da empresa, seja para enfrentar um processo de mudança, para ser mais criativo, mais proativo, etc. Criar uma atitude positiva para o dia é fundamental para viver um dia de trabalho mais produtivo e, principalmente, mais prazeroso.

DICAS PARA UM FEEDBACK CONSTRUTIVO

Nenhum ser humano sai de casa para fazer o seu "pior possível" no trabalho. Ao contrário, quando vão trabalhar, esperam fazer o seu melhor, mesmo quando estão desanimados. Porém nem sempre as boas intenções se transformam em realidade. Você já deve ter se deparado com algum colega de trabalho que comete erros sem perceber. A única forma de fazê-lo enxergar é lhe dando um feedback, que significa fornecer-lhe informações a respeito do seu desempenho, com sugestões de melhoria, com o objetivo de alertá-lo e ajudá-lo a não cometer os mesmos erros e melhorar sua performance.

Entretanto, na teoria tudo é lindo, mas na hora de realizar o feedback, a coisa pode se complicar. Quando utilizado de forma inadequada, o feedback pode se tornar uma verdadeira arma de ataque e gerador de sérios problemas e conflitos devido aos mal entendidos gerados pela falta de habilidade de comunicação.

Devemos entender que 93% da comunicação está relacionada à forma como falamos (55% expressão facial e corporal, e 38% tom de voz) e apenas 7% relacionadas ao que está sendo dito (palavras utilizadas).

Por essa razão, dar e receber feedback exige preparo e treino, e é importante que seja feito em "ambiente psicológico adequado", de forma a eliminar, o máximo possível, interferências externas e controlar os aspectos emocionais que podem distorcer as informações transmitidas. Vejamos algumas dicas:

❚ Selecione a informação: um feedback nunca deve ser dado sem preparo. Antes de dar o feedback, você deve analisar a situação. Eleja o comportamento inadequado. Analise por que ele ocorre. Descreva em sua mente a ação e reação que mantém o comportamento de erro. Descreva as ações e consequências negativas do mesmo, para que seu parceiro possa compreender que o comportamento que ele mantém não é positivo, porque traz consequências negativas para o ambiente de trabalho. Pense em duas ou três sugestões de melhoria que você pode dar ao seu parceiro de trabalho, ou seja, o que o seu parceiro poderia fazer para melhorar seu comportamento no trabalho. Escreva tudo num papel para se lembrar de todos os detalhes e analisar.

Não misture o problema com a pessoa: É muito comum ficarmos irritados quando um colega de trabalho repete erros que, para nós, parecem óbvios. Também é muito comum desenvolvermos aversão à pessoa, taxá-la de burra, ou achar que a pessoa faz de propósito, etc. Essa é a pior postura para se dar um feedback a alguém, pois você já enclausurou mentalmente a pessoa dentro do problema. Separe o problema da pessoa. Ela não "é" o problema, ela só "está" com o problema. Por exemplo, se a pessoa sempre escreve um texto de forma errada, mostre a ela a parte do texto que está confusa. Dizer que um trecho do texto está confuso é diferente de dizer que a pessoa é confusa. Fazer esse exercício é positivo porque ajuda a tornar a situação mais objetiva. Em um feedback, quanto menos rodeios, melhor!

Treine: A boa comunicação exige treino. Escreva num papel os pontos principais do feedback. Treine em frente ao espelho a forma de abordagem e procure ser assertivo, ou seja, ir direto ao ponto, sem rodeios demais, mas também sem ser agressivo. Observe seu tom de voz.

Prepare o ambiente: 1) escolha um local e horário adequados para o feedback. Escolha um ambiente tranquilo e evite interrupções; 2) crie empatia, rebaixe as defesas da outra pessoa mostrando que você está lá para ajudar; 3) estabeleça um clima de verdade para que haja confiança no processo. Isso significa também se mostrar aberto e disponível para as opiniões do recebedor do feedback.

Separe o problema da pessoa: Por exemplo, dizer que determinada parte do texto está confusa é diferente de dizer que a pessoa é confusa. Separar o comportamento/problema da pessoa é importante para que você não transforme a pessoa no próprio problema. Isso também ajuda a tornar a situação mais objetiva. Em um feedback, quanto menos rodeios, melhor!

Exponha o comportamento indesejado de forma objetiva e localizado no tempo e espaço: Uma pessoa raramente se comporta mal porque quer. Ela erra ou se comporta mal porque foi o jeito que aprendeu a fazer. Portanto, ao dar o feedback é preciso lembrar a pessoa O QUE, QUANDO, ONDE e COMO o comportamento ocorreu. Dê exemplos concretos, isso ajuda a pessoa a perceber o problema. Por exemplo:

"ontem, você saiu para conversar com seus colegas na hora do seu almoço (QUANDO), entretanto, os demais estavam trabalhando, e você começou a contar piadas na frente dos clientes (O QUE e COMO), bem em frente ao balcão de atendimento (ONDE)".

❚ **Descreva o comportamento desejado:** É importante deixar claro para a pessoa o que se espera dela. Dar exemplos objetivos também ajudam a pessoa a entender como agir. Ex.: "quero que atenda os telefonemas, no máximo, até o terceiro toque". "Quero que você mantenha o balcão sempre limpo, isso significa passar um pano umedecido com álcool, manter os molhos e guardanapos arrumados e dispostos nesse canto, etc."

❚ **Chegando a um acordo comum:** Em algumas ocasiões você vai perceber que a pessoa não realiza as ações da forma que você gostaria, porque há empecilhos que extrapolam a vontade dela. Nesse caso, o melhor seria que vocês, em conjunto, buscassem uma solução comum. É muito difícil uma pessoa ser resistente a uma ideia que ela mesma ajudou a criar.

NAMORO NA EMPRESA: PODE OU NÃO PODE?

Não é de surpreender que colegas de trabalho se interessem uns pelos outros. Esse "olhar diferente" pode ser favorecido pela proximidade, contato diário por horas seguidas, e pela interação até mesmo para solucionar problemas. Além disso, no ambiente de trabalho as pessoas estão mais bonitas, bem vestidas, o que acaba despertando o interesse de colegas.

Mas sempre rola a dúvida, quando se decide iniciar um namoro com um(a) colega de trabalho. "Será que vai dar problema?" essa é a pergunta que muitos gestores fazem ao saber de uma notícia como essa. Algumas empresas não são favoráveis a relacionamentos pessoais, mas não podem proibir. Funcionários não podem ser demitidos por isso, mas caso sejam flagrados aos beijos, carinhos explícitos ou relação sexual, podem ser demitidos por justa causa. Mas o temor das empresas é que o namoro afete o clima de trabalho, o desempenho, e até mesmo cause problemas éticos.

Um relacionamento íntimo com um colega de trabalho requer maturidade do casal envolvido. Assim como há casos com finais felizes, há também os desastrosos em que o final pode ser não só a perda da pessoa amada, como também do emprego.

Algumas empresas criam estratégias para lidar com a questão, por exemplo, mudando o funcionário de setor quando começam a namorar. Outras proíbem, de forma velada, que os relacionamentos aconteçam principalmente entre chefes e subalternos. A relação passa a envolver poder, influência, informações sigilosas, que podem prejudicar o bom andamento da organização, se o casal não tiver maturidade e profissionalismo suficientes.

Caso você esteja "de olho" em algum(a) colega de trabalho, seguem algumas dicas importantes que devem ser consideradas antes de iniciar um relacionamento:

- **Pense bem se esse relacionamento realmente "vale a pena" antes de começar:** Lembre-se que o território de trabalho é importante e delicado para você porque envolve sua imagem e reputação. Sabemos bem iniciar relacionamentos, mas nem sempre é possível prever como será a condução e até mesmo o término dos mesmos. Portanto, antes de começar, reflita sobre seus sentimentos. Pergunte a si mesmo se realmente gosta da pessoa ou se é apenas carência ou mesmo seus instintos falando mais alto.

- **Preveja um possível fim:** Fazer um exercício do tipo "e se" pode ser importante nesse caso. Pense "e se esse romance não der certo?" Como seria? Nesse ponto reflita sobre suas experiências anteriores, como você lida com os términos de relacionamentos? Tente também levantar essas informações a respeito da pessoa que você está interessado(a). Algumas pessoas têm dificuldade em terminar relacionamentos, fazem chantagem, escândalos, e infernizam a vida do ex-parceiro. Outras pessoas sentem-se mal, usadas e envergonhadas. Portanto, antes de começar, pense! Você aguentaria trabalhar com seu colega mesmo após o término do relacionamento?

- **Se você já namora um colega de trabalho:** Separar os papéis. No ambiente da empresa, evite beijinhos, trocas de carinhos, bilhetinhos de amor, mensagens de amor na intranet. Evite também utilizar termos como "amor", "lindinha", "chuchu", etc. Isso porque tais comportamentos são aceitos apenas quando ocorrem no âmbito privado, não em público, como é o caso do ambiente corporativo. Tratar o outro como se estivesse entre quatro paredes constrange os demais colegas de trabalho.

- **Não carregue resquícios das brigas para o ambiente de trabalho:** Caso tenha alguma desavença com seu(ua) namorado(a), o cuidado para que isso não seja transferido para o ambiente de trabalho deve ser redobrado. Se por acaso o casal estiver evitando o contato na vida privada, o mesmo não deve acontecer no ambiente de trabalho, pois isso afetaria diretamente os processos da empresa. Nunca use o tempo de trabalho ou demais colegas para tentar se reconciliar com seu parceiro amoroso. Ali não é o lugar, nem o momento, nem a forma de resolver isso.

- **Evite cenas de ciúmes com os colegas de trabalho:** Algumas pessoas são dominadoras e tentam controlar até as amizades do(a) parceiro(a), criando empecilhos para cafezinhos, almoços, etc. É preciso muita maturidade do casal para conviver sem aprisionar o outro profissionalmente. O parceiro deve ter total liberdade de exercer o seu trabalho. Se o casal não conseguir passar por essa "provação", dificilmente esse relacionamento terá futuro.

- **Evite contar intimidades no ambiente de trabalho:** Esses assuntos logo viram fofoca. Redobre o cuidado com suas confidências, ou seja, evite ao máximo comentar sobre questões privadas e planos do casal com outros colegas de trabalho. Nunca fale mal do parceiro amoroso, lembre-se que o ser amado também tem uma reputação e imagem a zelar, e caso você traga questões da vida privada para a vida organizacional, isso pode manchar a reputação do outro.

- **Assuma o relacionamento:** Assumir o relacionamento evita fofocas e situações embaraçosas entre os colegas de trabalho.

Caso a empresa não demonstre empecilhos para relacionamentos, o melhor é assumir publicamente para evitar fofocas.

PROBLEMAS QUE NÃO DEVEM SER LEVADOS À CHEFIA

Solucionar problemas faz parte do rol de comportamentos necessários no cotidiano de trabalho. Entretanto, muitas dúvidas surgem quando o assunto está relacionado à chefia. Muitos profissionais se preocupam em levar muitos problemas para os chefes com receio de serem tachados de dependentes demais e "queimarem" sua imagem profissional.

Essa preocupação é pertinente. A chefia está sempre de olho na postura dos seus colaborares e em suas capacidades de tomarem decisões e responsabilizarem-se pelos resultados. Assumir responsabilidades é um diferencial muito importante porque mostra a maturidade que o funcionário tem frente aos problemas que enfrenta na vida. Demonstra também coragem, iniciativa, confiança e autoestima, ou seja, elementos essenciais para a liderança.

Tais diferenciais são realmente raros nas empresas, pois na maioria das vezes, encontramos o perfil oposto, ou seja, daqueles que só levam problemas para a chefia, esperam ordens e se fazem de vítima. Não precisa pensar muito para entender por que esse comportamento é o mais observado nas empresas. É muito mais cômodo e fácil seguir ordens, pois não exige pensar demais sobre determinado assunto, consequentemente, não se gasta energia para tomar alguma decisão, não precisa estudar sobre coisa alguma, permite que a pessoa permaneça absolutamente imóvel ao se deparar com algum problema (pois só faz algo se alguém mandar), não se compromete com nada, e além disso, caso alguma coisa saia errado, a pessoa nunca se considerará culpada porque a ideia não foi dela.

Apesar de aparentemente confortável, essa postura passiva é uma verdadeira armadilha para quem a carrega, por duas razões básicas. Primeiro, a falta de comprometimento não afeta outras áreas da vida. Pessoas desleixadas e descomprometidas no trabalho também o são na vida pessoal, levam a vida sem meta nenhuma, vivem reclamando (porque é o que sobra para quem escolhe ser vítima), e não conquistam nada de realmente importante na vida, ou seja, retiram de si mesmas a possibilidade de sentir orgulho de si mesmas e ajudar o próximo. Segundo, no âmbito do trabalho, tais pessoas jamais conseguirão um salário melhor porque cargos mais elevados exigem maior responsabilidade. Ok, mas aí você é uma pessoa que tem vontade de ser mais proativo, entretanto, tem medo de errar porque já viu algum colega que, com a maior boa vontade, tentou resolver um problema sozinho, e se deu mal, pois o mesmo deveria ter sido encaminhado à chefia. Então qual é o limite? Que tipos de problemas devem ser levados ou não à chefia?

Compreender o processo da empresa gera acertos na hora de decidir se o problema deve ser ou não compartilhado com a chefia. Problemas considerados importantes, e que devem ser levados à chefia, são aqueles que afetam o bom andamento da empresa e solucioná-los requer mudar processos, produzir impacto em outros departamentos ou gerar custos. Conhecer como a empresa funciona evita que funcionários com boas intenções tomem decisões precipitadas, e realizem mudanças que acabam trazendo ainda mais problemas para a empresa.

Uma boa dica é: antes de levar o problema para o chefe, pense em uma ou duas soluções para oferecer. Além de mostrar proatividade, esse hábito treina sua capacidade de pensar de forma estratégica e prever as consequências de suas ideias.

É claro que dúvidas podem surgir e, nesse caso, o melhor é compartilhar a dúvida com sua chefia. Mas uma dica é importante: antes de levar o problema para seu chefe pense em uma ou duas soluções para oferecer. Além de mostrar proatividade, esse hábito treina sua capacidade de pensar de forma estratégica, prevendo as consequências de suas ideias. Veja a seguir algumas dicas do que não deve ser levado para a chefia:

- **Evite valorizar o problema em busca de reconhecimento:** Alguns funcionários tendem a aumentar o problema com o intuito de valorizar sua ação na solução do problema. Anunciam e repetem diversas vezes como o problema aconteceu e o que ele fez para solucioná-lo. Saiba que os chefes baseiam-se nos comportamentos do dia-a-dia. Para ser realmente reconhecido como um "solucionador de problemas" é necessário que esse comportamento seja um hábito para você e não algo que se faz ocasionalmente. O Marketing Pessoal está na marca que você deixa por onde passa, na forma como você executa seu trabalho. Você não precisa falar sobre seus louros, você só precisa entregar bons resultados. Deixe que seus colegas falem sobre as suas vitórias. O peso da opinião de terceiros é sempre maior.

- **Evite levar problemas com colegas de trabalho:** Falar mal de colegas para o chefe não pega bem. Mesmo quando você o faz com as melhores das intenções. Alguns funcionários assumem a posição de "olheiros", controlando o horário de chegada e saída dos colegas de trabalho, ou a forma como o colega está executando o trabalho, ou mesmo problemas de embate pessoal, etc. Na maioria das vezes, esse comportamento soa como fofoca. Problemas relacionados aos colegas de trabalho só devem ser levados à chefia quando afetam a ética, ou trazem prejuízos à empresa, como é o caso de roubo de equipamentos, fraudes, etc.

- **Evite levar problemas familiares:** Comentar sobre problemas com filhos, separações, etc, não é visto como algo positivo, porque normalmente quando isso acontece é para justificar um mau desempenho no trabalho. O problema não é a questão pessoal em si, pois todos estão sujeitos a enfrentar graves problemas particulares, a questão maior nesse caso é a tendência à vitimização. Alguns funcionários desavisados acreditam que o fato de passarem por problemas pessoais justifica um mau desempenho no trabalho.

CARREIRA: RESPONSABILIDADE DA EMPRESA OU DO FUNCIONÁRIO?

Até a década de 80, a gestão de carreira era tida como responsabilidade exclusiva da empresa. A partir daí, mudanças significativas trazidas com a globalização causaram um grande impacto nas estruturas e processos das empresas.

A possibilidade de se comunicar com o mundo todo em tempo real trouxe uma grande diversificação do mercado de produtos e serviços, e consequentemente, um aumento da concorrência e a necessidade de diferenciação através da personalização dos produtos e serviços. Isso forçou um processo que ficou conhecido como "downzing", ou "achatamento" da hierarquia das empresas. Isso foi necessário para tornar as empresas mais dinâmicas no processo e rápidas na resposta ao mercado.

Diante desse novo cenário, a relação entre empresa e funcionário também se modificou. O potencial humano passou a ser valorizado, uma vez que a inovação era a chave do sucesso. O funcionário deixou de ser passivo, esperando uma brecha para crescer, e passou a ter postura mais ativa, conversando e negociando com a empresa. A empresa, por outro lado, para atrair e reter talentos, passou a investir nos melhores para crescerem juntos.

Nesse cenário atual, segundo Dutra (2009), sobressaem-se os funcionários mais empreendedores e inovadores. O aumento da diversificação do mercado e a necessidade de especialização tecnológica também forçam os funcionários a serem mais conscientes de sua própria carreira. Além disso, ainda segundo Dutra, o aumento da valorização social também incentiva o trabalhador a demonstrar crescimento contínuo, mobilidade, flexibilidade e notoriedade. E isso faz com que ele tome a responsabilidade da carreira para si.

Dessa forma, podemos dizer que, hoje, o maior responsável pela gestão de carreira é o próprio funcionário. Entretanto, poucos profissionais sabem o que fazer para alcançar o sucesso profissional. Então, deixo aqui algumas dicas que devem ser levadas em consideração na hora de se fazer um planejamento de carreira:

▌Conheça a si mesmo: Esse é o ponto principal da gestão de carreira. É preciso conhecer o seu talento e o que você gosta de fazer. Lembre-se de que dinheiro é consequência do trabalho e do talento. Ele é uma ferramenta para você alcançar sua meta principal. Perguntas podem ajudar a refletir nesse momento. Pergunte-se: o que o motiva? Como você se imagina daqui a 5 anos? E dez anos? Onde você pretende chegar e em quanto tempo?

*Atenção!: Talento ≠ desejo: Muitas pessoas, por falta de autoconhecimento, confundem o que gostam de fazer com talento. Por exemplo, há pessoas que gostam de cantar, mas não têm talento nenhum para isso. Para não cair nessa armadilha, ouça o feedback natural das pessoas à sua volta. Elas normalmente elogiam os seus talentos naturais.

▌Programe sua escalada: Uma vez definido o que você quer da vida profissional, chegou a hora de planejar. Para você alcançar seu objetivo, quais competências você deve ter? Que tipo de curso você deve ter? Que tipo de conhecimento prático deve dominar? Escreva seu plano de ação!

▌Mostre seu talento: Outro grande erro da maioria das pessoas é não demonstrar seus talentos. Fazem um lindo planejamento, mas não o colocam em prática. Mostrar o talento significa ter iniciativa para agir, é fazer o que tem que ser feito, não temer o julgamento do outro, é trabalhar com foco no resultado observável. Ao final de cada dia, pergunte a si mesmo "o que você realmente fez (e não apenas teve intenção de fazer) em busca do seu sonho?".

▌Saiba escolher a empresa: Ninguém cresce sozinho. Empresas precisam de talentos e você precisa de empresas que lhe tragam experiências e conhecimentos necessários para chegar onde deseja. Não escolha apenas visando o ganho financeiro, leve em conta as oportunidades de crescimento que a empresa oferece.

❙Crie e mantenha sua rede social: Ter amigos, estar no mercado e manter bons contatos é sempre muito vantajoso, principalmente para saber das novidades e ser indicado para vagas interessantes. A máxima "quem é visto é lembrado" é verdadeira nesse caso. Utilize suas ferramentas de relacionamento: telefone, e-mail, Facebook, Twitter, etc.

❙Trabalhe seu Marketing Pessoal: Lembre-se: marketing pessoal não é o que você fala sobre você mesmo, e sim, o que as pessoas falam quando você não está presente. Pense! O que seu chefe diz quando você não está presente? O que seus colegas dizem sobre você? As pessoas indicam seu trabalho? Fazer o Marketing Pessoal é ser responsável pela imagem que você passa e isso vai além de uma boa vestimenta e um cabelo alinhado. Envolve a ética, o respeito a si e aos colegas, a coerência entre o que você diz e faz. Portanto, seja responsável, trabalhe sempre para você, como se cada empresa pela qual você passar fosse sua! Comprometa-se com o resultado e, com certeza, o sucesso será seu!

FUJA DAS "PANELINHAS" NO TRABALHO

O fenômeno das "panelinhas" é bastante comum em qualquer comunidade, inclusive no mundo empresarial. Isso porque o ser humano é um ser altamente social e sente muita necessidade em se relacionar, interagir, comunicar suas ideias, falar sobre seus sentimentos, etc., e é natural que ele busque contato com outras pessoas para que possa exprimir tais necessidades. Mas quando um ser humano é excluído do convívio social, ou não é aceito pelas outras pessoas, é rejeitado pelos grupos, isso gera marcas profundas em sua autoestima, e pode trazer sentimentos e sensações extremamente desagradáveis de angústia, insegurança, medo e desamparo. Por essa razão, ser aceito (e não rejeitado) é de extrema importância para muitas pessoas, e é aí que se formam as panelinhas.

As panelinhas geralmente são formadas por afinidades, simpatias, similaridades, etc, e trazem a sensação de aconchego, pertencimento, cuidado, apoio, tranquilidade, aumentando a sensação de poder, segurança e autoestima do indivíduo. As panelinhas não apresentam problema algum quando estão no âmbito social, por exemplo, se você faz um curso e prefere realizar trabalhos sempre com um mesmo grupo de pessoas, ou se prefere sair sempre com um mesmo grupo de amigos para baladas, ou realizar determinadas atividades com grupos específicos. Não há nada de errado nisso. Entretanto, quando as panelinhas se formam no âmbito do trabalho, elas podem gerar problemas que podem trazer desvantagens tanto para a empresa, quanto para o trabalhador.

O mundo corporativo, diferente do social, exige um propósito comum a todos que fazem parte da empresa e que extrapola os objetivos de uma panelinha. A vida organizacional também exige habilidades de comunicação, integração e convívio que vão além dos limites que englobam os departamentos e as panelinhas, exigindo desenvolvimento contínuo para enfrentamento de novos desafios em equipe. Além disso, dentro das panelinhas existe um pacto de ajuda mútua, que é muito mal visto no ambiente de trabalho. Veja por que fazer parte de panelinhas pode ser prejudicial ao seu crescimento profissional:

❚Não desenvolve a maturidade: As panelinhas são formadas por pessoas que pensam parecido, que já se conhecem e têm afinidades. É fácil lidar com quem você se dá bem, difícil é lidar com quem pensa diferente, com conhecimentos e experiências diferentes. A panelinha não permite que o "diferente" entre na roda, impede o aprendizado e o crescimento. Maturidade significa lidar com a realidade da forma como ela se apresenta, com toda a diversidade da vida humana. Imaturidade é tentar se proteger criando uma falsa sensação de segurança quando se está dentro de um grupo que diz "amém" para tudo o que você diz.

❚Atrapalha o processo da empresa: As panelinhas funcionam como feudos dentro da empresa, o que favorece a troca de favores para quem faz parte da "panelinha", em detrimento de quem não faz. A regra é "trato bem quem me trata bem", ou seja, quem é da panela. Esse tipo de postura é negativa para o bom andamento da empresa porque favorece as relações do grupo específico e não os resultados que a empresa precisa. Muitas vezes, outros funcionários de departamentos diferentes são prejudicados tendo seus processos atrasados por não fazerem parte da panela.

❚Não desenvolve a comunicação: Pessoas que fazem parte da "panelinha" tendem a se fechar nelas e acabam não se comunicando de forma adequada com pessoas de departamentos diferentes. Além das falhas na comunicação, que podem acarretar prejuízos à empresa, a "panelinha" ainda pode gerar fofocas, o que atrapalha ainda mais o clima.

❚Está a um passo do assédio moral: Dependendo do caso, o funcionamento da "panelinha" pode ser tão grave que seus integrantes podem cometer assédio moral. A aversão da "panelinha" a algum funcionário pode fazer com que os integrantes ajam de forma agressiva e velada com quem não é do grupo, isolando, ignorando a presença, excluindo o não integrante da panela dos trabalhos em equipe e dos comunicados importantes, ou comunicando-se com ele apenas por escrito, induzi-lo ao erro, etc. Comportamentos desse tipo, de forma frequente, configuram violência psicológica, e podem causar danos à saúde mental e até física da vítima da violência.

Se você quer crescer profissionalmente, não se esconda em grupos fechados. Ao contrário, quanto mais se expuser a situações e pessoas diferentes, melhor, pois mais diversificado será seu aprendizado. Além disso, aprenderá a lidar com situações e pessoas dos mais diversos tipos, o que lhe dará um "jogo de cintura" e vivência prática que nenhum livro poderá dar.

A IMPORTÂNCIA DO HAPPY HOUR

Quem disse que sentar em um barzinho com amigos após o expediente de trabalho é perda de tempo? Saiba que participar de happy hours, além de prazeroso, ajuda a manter seu patrimônio social, e ainda pode ser de grande ajuda nos momentos de recolocação.

Infelizmente, muitas pessoas deixam de cultivar os relacionamentos do trabalho por preguiça, e até mesmo preconceito, achando que estão sendo falsos. No final, acabam se isolando, deixando de usufruir dos bons momentos que o trabalho e a vida proporcionam, além de perderem grandes oportunidades de trabalho que chegam através dos amigos. Pesquisas mostram que as indicações são responsáveis por pelo menos 70 a 80% das recolocações.

Veja como potencializar os bons momentos após o trabalho:

❚ Procure manter conversas positivas: Os happy hours são momentos de descontração, portanto, evite dominar a conversa falando sobre seus problemas pessoais.

❚ Evite reclamar do chefe, dos colegas e da empresa: Apesar de parecer apenas desabafo, ações como essas podem gerar mal entendidos, além de manchar sua reputação. Lembre-se que você está com pessoas do seu trabalho.

❚ Comemore vitórias: Valorizar as pequenas conquistas do dia-a-dia ajudam a manter o ânimo e a motivação. Celebrar com amigos alimenta o espírito de equipe lembrando a todos que ninguém está sozinho, e aumenta a confiança para as próximas conquistas.

❚ Frequente outras redes sociais: Tenha o hábito de aceitar convites de amigos e conheça os amigos de seus amigos. Amplie os encontros, almoce com pessoas diferentes pelo menos uma vez por semana.

❚ Cultive os relacionamentos: Crie o hábito de manter contato com os novos conhecidos. Ligue, mande mensagens, dedique algum tempo para os amigos. Evite ligar para as pessoas apenas quando precisa de um favor. Todos gostam de ajudar, mas ninguém quer se sentir "usado".

❚ Cuidado com os excessos: Beber demais pode fazer com que você perca o limite do bom senso. Apesar de não estar mais no horário de expediente, querendo ou não, você é representante de sua empresa. Um vexame pode comprometer sua imagem profissional, fazendo com que você seja lembrado pelas gafes que cometeu e não pela boa companhia que você é.

"RECLAMÕES" NO TRABALHO

Desabafar, falar sobre algum problema e até mesmo reclamar de alguma situação é normal. Entretanto, reclamar demais pode ser um problema não só para a pessoa que reclama como para quem convive com ela. O limite entre a crítica ocasional ou desabafo e a insatisfação crônica é a frequência com que isso acontece. Reclamar diversas vezes ao dia, todos os dias, é sinal de que algo não vai bem.

Seres humanos são seres de hábitos, algumas pessoas reclamam apenas porque se habituaram a isso. São incapazes de falar algo positivo porque seu olhar já está condicionado, por muitos anos habituados ao papel da vítima, a enxergar situações negativas. Essas pessoas já nem percebem que agem assim, não pensam, apenas fazem. Há também pessoas que lamentam e reclamam por não terem esperança na vida. Dependendo do grau em que a negatividade tomar conta da vida do indivíduo, isso pode ser um indicativo de um problema mais sério, por exemplo, o início de depressão, mas apenas um especialista poderia dar o diagnóstico correto.

O que está por trás do comportamento do "reclamão" é a postura de vítima. É muito mais fácil colocar a culpa nos outros do que assumir a responsabilidade pela condução da própria vida. Se as coisas não andam bem é porque o governo é ruim, porque a família não ajuda, etc, é como se tudo e todos estivessem contra ele, até mesmo o tempo! Se faz sol, reclama porque sente calor, e porque faz calor não consegue produzir bem. Então, a culpa por sua baixa produtividade é do sol, e não dele. O problema de criar hábitos como esse é que, de tanto inventar desculpas e justificativas, o "reclamão" realmente começa a acreditar que ele é uma vítima das circunstâncias, e passa a não encontrar forças para resolver seus problemas. Não se sente capaz. Então, a única coisa que lhe sobra é reclamar. É uma espécie de muleta psicológica, mas que não leva a lugar algum, apenas aumenta a sensação de frustração.

No ambiente de trabalho, o "reclamão" funciona como uma "laranja podre", podendo contaminar o estado de espírito das pessoas ao redor. Tudo fica mais difícil porque o "reclamão" só consegue enxergar os problemas e não consegue contribuir para solucioná-los.

Entretanto, dificilmente o "reclamão" percebe que reclama demais, isso significa que você mesmo pode ser o tal "reclamão" sem saber! Se, por acaso, você já recebeu feedbacks de colegas, do tipo: "você só reclama", "nossa, você nunca está satisfeito!", "você é exigente demais!", etc., saiba que pode mudar!

Veja as dicas:

▌Mantenha postura aberta para feedbacks: É comum as pessoas reagirem mal a feedbacks, principalmente quando o comentário não agrada. Ao receber um feedback não responda, não tente justificar, apenas ouça, e depois reflita. Perceba se outras pessoas já falaram algo parecido.

▌Pratique auto-observação: Observe seu próprio comportamento e o que você fala durante todo o dia: "que tipo de assunto você fala com seus colegas?", "você se sente feliz ou desanimado a maior parte do tempo?", "tem o hábito de falar mal das pessoas e/ou da empresa?", "você se considera uma pessoa exigente?".

▌Invista no autoconhecimento: A única forma de sair do ciclo vicioso do "reclamão" é reconhecendo e assumindo que o problema existe em você. Se você negar sua existência não há como mudar. Com humildade, reconheça que precisa aprender uma nova forma de ser. Faça isso por amor a você e pelos outros.

▌Mude a forma de ver o mundo: Em vez de começar o dia reclamando, comece agradecendo. Escreva uma lista de dez coisas que você tem e gosta em sua vida. Pode ser seu carro, sua casa, seus livros, CDs, DVDs, pode ser pessoas também, etc. Ande com essa lista e agradeça diversas vezes ao dia as coisas que você tem em sua vida e que o fazem feliz. Você começará a mudar seu estado de espírito e isso ajudará a enxergar coisas positivas.

▌Desenvolva a aceitação: O "reclamão" por ser exigente demais só aceita a perfeição. Mas nada, nem ninguém é perfeito. Para ter paz é preciso aceitar e valorizar os aspectos positivos das pessoas e não os negativos. Rebaixe seu crítico interno, não cobre tanto dos outros e de si mesmo. Não há como viver em harmonia externa quando o lado interno vive em guerra.

Agora, caso identifique essas características em outra pessoa, veja também como você pode ajudar:

▌Dê-lhe feedbacks: Observe os momentos e as frases utilizadas pelo "reclamão" e as consequências de suas reclamações para o ambiente de trabalho. Em momento oportuno, chame o "reclamão" para conversar. Com muito carinho, mostre a ele os momentos, frases e consequências de seus desabafos. Às vezes, na frente de clientes, ou contaminando o ambiente de trabalho com o seu pessimismo.

▌Mostre-lhe que existe o lado positivo: O "reclamão" tem dificuldade em enxergar as situações sob pontos de vista diferentes. Ajude-o a fazer esse exercício e mostre o quanto enxergar os pontos positivos aumenta seu próprio nível de energia, ajuda a enxergar mais oportunidades, e o próprio "reclamão" passará a ter uma presença mais positiva no ambiente de trabalho.

▌Mostre que ele mesmo possui pontos positivos: O "reclamão" normalmente está tão identificado com o papel da vítima, que não consegue enxergar pontos positivos em si mesmo. Mostre a ele algumas habilidades que ele tem e que você enxerga, e dê a ele algumas sugestões de comportamento que podem ajudá-lo a mudar seu modo de enxergar as situações.

COMO LIDAR COM FUNCIONÁRIOS DIFÍCEIS

O que fazer quando um funcionário não quer obedecer? Essa é uma das questões mais desagradáveis e desgastantes que uma liderança pode enfrentar. Assim como há situações difíceis de conduzir, existem também pessoas difíceis na equipe.

Funcionários considerados difíceis são aqueles que têm comportamentos que vão contra a fluidez dos processos, por exemplo: chegam atrasados, reclamam, não aceitam as tarefas, querem fazer do jeito deles, questionam o tempo todo, são mal humorados, reativos a novas ideias, algumas vezes são verbalmente agressivos ao defenderem suas ideias, etc.

Lidar com pessoas assim é um grande desafio para qualquer gestor, principalmente quando esses funcionários são competentes e possuem talentos importantes para a organização. É responsabilidade do gestor desenvolver sua equipe, e ajustar comportamentos como esses também faz parte de sua função! Seguem aqui algumas dicas de como lidar com os funcionários "**difíceis**":

❚ Torne o "difícil" em algo objetivo: Falar que uma pessoa é difícil é subjetivo demais, pois o que pode ser difícil para um não é para outro. Observe **"o que"** é difícil: ele reclama demais? Não aceita o trabalho? É teimoso? É mal humorado? Etc. Esse primeiro exercício será útil para você perceber qual é o comportamento específico que deve ser trabalhado.

❚ Entenda o "porquê" do comportamento: Tente se colocar no lugar da pessoa e entender o **"porquê"** de a pessoa se comportar desse jeito. Avalie sem julgar: essa pessoa deseja atenção? Ela não concorda com o processo? Ela é preguiçosa? Ela deseja fugir da responsabilidade? Ou... também pode ser o jeito que ela aprendeu para ganhar as discussões. Da mesma forma como uma criança mimada, que grita e esperneia para conseguir o doce da mãe, algumas pessoas usam esse tipo de artimanha (irritar o outro) para conseguirem o que desejam. Esse segundo exercício o ajudará a compreender a estratégia que a pessoa usa para se proteger, ou solucionar os seus problemas.

Reflita sobre os possíveis motivos do conflito: As resistências ocorrem com maior frequência quando a sensação de distanciamento entre o líder e o funcionário é grande. Confiança só se desenvolve com a proximidade. E o respeito ao líder é desenvolvido quando se tem confiança. Confiar é "fiar com", é fazer junto, é dar suporte, orientação, mostrar que está junto. Pergunte-se onde tem deixado a desejar nesse ponto. Às vezes, o fato de você achar o outro uma pessoa difícil, tenha afastado ainda mais vocês dois e piorado o nível de confiança e respeito. A pessoa também pode se comportar mal quando não é ouvida, observe se tem permitido a participação dela nas reuniões. Observe também se a sua chateação também não fez com que observasse apenas os defeitos do funcionário em questão.

Planeje a conversa: Uma vez que você já conhece exatamente o comportamento inadequado e já tem uma noção, mesmo que superficial, do porquê do comportamento, chega a hora de conversar com ele. Explique que o objetivo da conversa é melhorar o rendimento do trabalho e o clima de trabalho. Conte a ele o que você tem observado em termos de comportamento e descreva-os: o que ele faz, como, quando, onde e as consequências (o desgaste do relacionamento, retrabalhos, atrasos, chateação, etc). Pergunte a opinião dele e deixe-o falar. Prepare-se, pois também pode ouvir queixas relacionadas ao seu estilo de liderança. Essa conversa deve ter um tom pacificador, e nunca acusador. Ao final, tentem, juntos, chegar a um acordo. O que pode ser mudado? Comprometam-se: o que você pode mudar e o que o outro pode mudar? Há algum jeito de absorver alguma sugestão do funcionário? Coloque também sugestões de melhoria do comportamento.

Discuta o comportamento problema e não a pessoa: Foque no comportamento observado, por exemplo: use termos como "percebi que tem chegado sempre às 8h30, quando o nosso horário de entrada é às 8h". Evite: "você está sempre atrasado". Use: "você disse que aceitou a ideia, mas seus comportamentos mostram que você não está de acordo, pois o tempo todo coloca um empecilho a cada etapa do trabalho". Evite: "você reclama o tempo todo, coloca defeito em tudo". Apenas tome o cuidado para não colocar o outro como o "errado" da história e você o "certo", pois não há certo e errado na questão, apenas ajustes são necessários.

Acompanhe o desempenho do novo comportamento: Uma vez definida a forma de conduta do novo comportamento, dê suporte a ele; De tempos em tempos, dê feedbacks (a cada semana ou quinzena); Elogie quando o comportamento for adequado – isso é importante pois funcionará como parâmetro; Comente quando houver recaídas.

Pílulas Mágicas para Superar

> **Pílulas para superar o estresse, medo, insegurança, ansiedade e outras dificuldades de relacionamento.**

SÍNDROME DE BURNOUT: O ESTRESSE DO TRABALHO

Você já teve a sensação de ser sugado pelo seu trabalho? De que chegou no seu limite com relação à sua paciência, tolerância, boa vontade... não há mais de onde tirar energia para trabalhar? E por conta disso aumentaram as dores de cabeça, sensação de cansaço, fadiga, irritação, etc. E além dos problemas psicológicos também começaram a surgir doenças oportunistas como gripes, problemas de pele, má digestão, terçol, etc? Se você já está em sofrimento há algum tempo, seria bom investigar os sintomas da Síndrome de Burnout.

A Síndrome de Burnout é um estresse relacionado ao trabalho, que resulta da luta prolongada do paciente contra agentes estressores no trabalho. A exposição crônica a agentes estressores faz com que o psiquismo e o organismo físico entrem em fadiga e adoeçam. Essa síndrome está sendo cada vez mais estudada por conta de sua correlação com o baixo rendimento e comprometimento com a empresa, absenteísmo (falta no trabalho), aumento de acidentes no trabalho, intenção de deixar o emprego e alta rotatividade.

Os sintomas físicos do Burnout podem incluir dores de cabeça, transtornos gastrointestinais, tensão muscular, hipertensão, episódios de resfriado/gripe, distúrbios do sono, problemas cardíacos, dor lombar, ansiedade e depressão.

Na área de serviços, o Burnout é composto por três elementos principais:

▌**Exaustão emocional:** Caracterizada pela falta de energia e sensação de esgotamento dos recursos emocionais.

▌**Despersonalização:** Marcada pelo tratamento dos clientes como se fossem objetos e não pessoas.

▌**Realização profissional:** Caracterizada pela tendência de avaliar a si mesmo de forma negativa.

Pesquisas apontam que a questão emocional é de grande importância na vivência do estresse. A pesquisa de Sheena Johson e cols (2005) mostrou que alguns profissionais como policiais, professores, enfermeiros e até mesmo atendentes de Call Center, podem ser mais vulneráveis ao estresse por exercerem profissões que exigem:

1. interação direta ou por telefone com clientes;

2. mostrar emoções nesses empregos que têm por objetivo influenciar as atitudes e comportamentos de outras pessoas; e

3. que a demonstração dessas emoções sigam regras. Em outras palavras, todos eles devem manter a calma, ser cordiais e mostrar autocontrole. Outros estudos apontam para o fato de que essa dissonância emocional, que é sentir uma coisa e ter que demonstrar outra, pode resultar em sensações de hipocrisia, levando à baixa autoestima e até mesmo à depressão.

Entretanto, os estudos também apontam que a propensão ao estresse não é igual para todas as pessoas. Algumas serão mais e outras menos atingidas, e outras não sofrerão estresse. O que diferencia são os traços de personalidade e os recursos internos que as pessoas possuem para lidar com as adversidades do trabalho; esses recursos serão mais eficientes quanto maior for o conhecimento de si mesmo. Portanto, a boa notícia é que boa parte da solução também pode estar ao seu alcance, ou seja, você pode amenizar o impacto negativo dos problemas relacionados ao trabalho sobre sua qualidade de vida física e psíquica.

É claro que não há fórmula certa contra o estresse, justamente por ser um conjunto de variáveis externas (relacionadas ao ambiente) e internas (relacionada às questões psíquicas) que nos torna mais ou menos vulneráveis ao estresse. Mas é possível adotar algumas medidas que auxiliam na manutenção da saúde contra o estresse. Seguem algumas dicas:

▌Pratique exercícios: O estresse lesa menos pessoas fisicamente ativas. Procure fazer algo que lhe dê prazer: caminhadas leves, natação, ginástica localizada, yoga, etc.

▌Tenha um hobby: Caso o seu trabalho não lhe proporcione prazer, mas você se sente impossibilitado de sair imediatamente por questões financeiras, uma saída é desenvolver um hobby. É preciso encontrar prazer de alguma forma no trabalho. O hobby seria uma espécie de segundo trabalho, onde a pessoa pode focar a atenção sem tantas interrupções, em ambiente mais controlado e encontrar prazer no próprio processo do trabalho. Já vi vários casos em que o hobby se tornou profissão. Pense nisso!

Procure pensar positivo: Tenha consciência de que preocupação demais não solucionará o problema. Além disso, as emoções apenas obedecem a comandos da mente, se você insistir em pensar em coisas que lhe desagradam, as emoções negativas jamais desaparecerão. Se conseguir enxergar e pensar em coisas positivas de sua vida, você conseguirá manter a energia positiva e a alegria muito mais tempo e isso não só ajuda a enfrentar os desafios da vida como também aumenta sua imunidade.

Conheça a si mesmo: Só assim você descobrirá as melhores formas de lidar com as adversidades da vida e superar os desafios de forma mais positiva e sadia. Lembre-se de que todos nós temos problemas, o que nos diferencia é a forma de lidar com os eles. Seus colegas de trabalho compartilham dos mesmos problemas que você, entretanto, lidam de forma diferente com eles. Observe e aprenda com seus amigos formas mais positivas de lidar com seus problemas e aplique-as em você mesmo.

COMO LIDAR COM A FRUSTRAÇÃO

Imagine a seguinte situação: você trabalha com afinco, faz o seu melhor pretendendo crescer dentro da empresa. Eis que surge uma vaga para coordenação! Você pensa: "É minha!". E trabalha mais e mais. No entanto, por uma surpresa do destino, a empresa anuncia a contratação de um profissional externo para ocupar a vaga. Resultado: frustração... raiva.... revolta... e você pensa "que injustiça! Tantos anos de trabalho para nada!! Me esforço tanto, mas a empresa não reconhece!"

Essa situação e sensação de revolta ilustra o processo da frustração. Muitas pessoas, por não saberem lidar com suas frustrações, acabam reagindo de forma negativa às situações da vida. Impacientes, trocam os pés pelas mãos, sofrendo e fazendo sofrer os que estão à sua volta. Assim como crianças mimadas, batem os pés no chão, fazem bico, reagem de forma agressiva às situações. Lidar com frustrações é um processo de amadurecimento psicológico. Para isso, é preciso entender como esse processo funciona em nossas mentes.

Frustrações são causadas por expectativas criadas em relação às pessoas e situações que não foram correspondidas. Fantasiar situações é comum e até saudável para o ser humano. O problema ocorre quando a pessoa se apega demais às fantasias ou desejos criados e não aceita as limitações impostas pelo mundo real. Aí surge o sofrimento.

A criança, por imaturidade psicológica e afetiva, apresenta mais dificuldade para tolerar a frustração. Por isso é comum ver crianças se jogando no chão, gritando, esperneando toda vez que a mãe se recusa, por exemplo, a comprar um brinquedo.

Conforme amadurecem, o egocentrismo - esse desejo de que o mundo deve se adequar às suas vontades - diminui, e elas começam a entender que o mundo real nem sempre é compatível com os desejos e fantasias que criam. E ter essa compreensão ajuda a lidar melhor com a realidade. Essa habilidade vai se aperfeiçoando com o passar dos anos, com a ajuda do autoconhecimento, da auto-observação e da empatia. Pessoas que não possuem o hábito de refletir sobre seus próprios comportamentos, com certeza, terão maior dificuldade nesse processo.

Um dos geradores de frustração é a projeção. Por exemplo, no início de um relacionamento amoroso, é comum projetar expectativas no ser amado. O ser que ama projeta suas necessidades, admirações, cria expectativas de que o outro irá preencher suas carências. É óbvio que, cedo ou tarde, virá a frustração porque o ser amado não é a projeção, e sim uma pessoa normal que possui uma personalidade e desejos particulares. E é aí que os problemas começam, pois qualquer comportamento ou tomada de decisão que o ser amado tome que não combine com a projeção criada, será considerada uma traição. E ouvimos queixas do tipo "como pude ser tão cego?", "como pude me deixar enganar?", etc.

Também costumamos projetar nossa felicidade em situações, ou objetos. E, como no caso de Lucinha, o fato de não ter o cargo desejado no trabalho, de não ter como comprar roupas novas, sapatos, carros, etc., conforme ela projetara para si mesma, já é motivo para a frustração.

Manifestações da frustração são a raiva e a tristeza. Assim como a criança esperneia quando não consegue o brinquedo desejado, o adulto imaturo xinga, fala mal, faz birra, etc., pois é a forma que tem de mostrar sua insatisfação. Depois, ao perceber que a realidade não muda, vem a tristeza junto com o sentimento de impotência, e assim, se torna queixoso e escravo daquilo que não tem. O frustrado, por imaturidade, nunca assume a responsabilidade por suas frustrações. A culpa será sempre do outro.

Então, o que é saudável? Ser saudável é ser maduro. É ser menos egocêntrico. É entender que não se tem controle sobre sentimentos, situações, personalidades, jeitos de ser, etc, de outras pessoas. Ser tolerante às frustrações não significa ser passivo, mas sim saber sonhar, mantendo os pés na realidade. E, quando for necessário, ter flexibilidade para ajustar suas metas, pisar no freio, de forma a não transformar a vida em um fardo tão pesado para se carregar. É diminuir o ego, o orgulho, a prepotência diante das situações. É aceitar as limitações que todos os seres humanos têm sobre determinadas circunstâncias da vida. Não dá para ser feliz brigando o tempo todo com a vida.

Tolerar frustrações fortalece o espírito, desenvolve a maturidade, e amplia o aprendizado. Grandes empreendedores passaram por inúmeras frustrações. A diferença entre o frustrado eterno e o vencedor é a forma como eles lidam com a frustração. O primeiro sucumbe, enquanto o segundo supera. Se as coisas não saíram da forma como você imaginava, pergunte a si mesmo "onde poderia ter feito melhor?", "o que posso aprender com essa situação?", "como posso melhorar meu desempenho para atingir o que preciso?". A atitude positiva direciona a energia para o que você deseja, evitando que desperdice sua valiosa energia em ataques de fúria, que apenas trazem sofrimento para si mesmo e para os outros.

COMO LIDAR COM MUDANÇAS

Mudança é a palavra do dia. Com ela vem a adaptação, a versatilidade, a proatividade, entre outras coisas. Mas falar é fácil, difícil é conseguir realmente lidar com as mudanças de forma positiva.

Mudanças causam desconforto porque geram insegurança, sentimento movido pelo MEDO. Ansiedade é o medo do futuro, mas as reações corporais ocorrem no presente. Só de pensar no que pode acontecer, já é possível sentir o coração bater forte, a boca seca, o suor aumentar, o corpo ficar agitado, o olho esbugalhado, e uma vontade imensa de sair correndo.

Não gostamos das mudanças porque, além de nos causar esse terrível mal estar físico, ainda nos faz ter que aprender coisas novas, e nós somos seres que adoramos hábitos. A rotina nos traz uma falsa sensação de segurança. A crença é: executar as tarefas todos os dias da mesma forma trará a sensação de que o resto estará bem, chegaremos em casa seguros e garantimos mais um dia de vida! Mas é uma crença falsa que nos aprisiona e não permite aprender e crescer. Veja dicas de como lidar com as mudanças de forma positiva:

▌**Aceite que a mudança é necessária:** Trabalhe o seu lado racional Encare de frente o desafio. Enquanto lutar contra a realidade, sua energia será desviada da produtividade, e reclamar não muda nada. Crie uma atitude positiva perante as mudanças.

▌**Crie sentido para a mudança:** "O que eu ganho com essa mudança?" Ache uma resposta, senão perderá a motivação. Mudar pode trazer situações ruins, como demissões, redução de custos, etc. Mas para toda perda há um ganho, nem sempre material. Pode-se ganhar em desenvolvimento de virtudes como paciência, esforço, foco, automotivação, iniciativa, etc.

▌**Conheça seus medos:** Mudanças dão medo. Você tem medo de quê? Aproveite para refletir sobre isso em casa. Normalmente os medos vêm de crenças negativas e situações passadas que não fazem mais sentido.

▌**Envolva-se no processo, foque no resultado:** É importante mostrar postura ativa, perguntando, comunicando, oferecendo ajuda. Postura negativa é esperar alguém dar ordens ou o pior acontecer. Assim você não ajuda, atrapalha. Foque no resultado do trabalho e não nos problemas.

▌**Aprenda a desapegar:** Nós nos apegamos a objetos, roupas, pessoas, etc, mas também nos apegamos a ideias e modos de fazer as coisas. Mudar também significa desapegar. Deixe o velho ir para que o novo chegue!

PREJUÍZOS QUE A RAIVA TRAZ AO TRABALHO

Quem nunca teve ou foi vítima de um ataque de raiva? A raiva é uma emoção natural do ser humano e serve para preservar o nosso espaço. Da mesma forma que um cão rosna ao perceber que seu espaço está sendo invadido, nós, seres humanos, também tendemos a reagir de forma mais agressiva quando nos sentimos ameaçados ou intimidados. Entretanto, já não vivemos mais nos tempos das cavernas, e a civilização exige que controlemos nossos ataques de raiva para que os mesmos não causem prejuízos.

Quando não controlada, a raiva pode nos fazer agir de forma impensada, nos levando a desfechos negativos. Num momento de raiva, pessoas podem falar o que não devem, tomar decisões precipitadas, como xingar um cliente, pedir demissão, e até se tornar fisicamente agressivos, gerando prejuízos a si próprios, para os envolvidos e, consequentemente, para a própria empresa em que trabalha. Essa última, por sua vez, arca não apenas com a mancha em sua imagem, como também pode responder a processos milionários movidos pelos clientes vítimas dos ataques.

No nível pessoal, a raiva pode trazer prejuízo à autoimagem, aos relacionamentos, aos processos de tomada de decisão, além de problemas financeiros, físicos (fraturas, hematomas, etc), e de saúde, como pressão alta, problemas cardíacos, entre outros.

A raiva é uma das emoções mais difíceis de controlar, segundo a psicóloga Diane Tice. A raiva traz energia, exalta os ânimos, trazendo uma sensação ilusória de poder e invulnerabilidade.

Todas as emoções geram energia que nos põe em movimento. Essa energia pode trazer resultados tanto positivos como negativos. A inteligência emocional coloca que a energia da raiva, quando mal canalizada, potencializa a violência e gera destruição. Ao passo que a mesma energia, quando bem canalizada, potencializa a força e gera grandes realizações.

Mas para controlar a raiva é preciso conhecer seu mecanismo. Segundo o psicólogo Dolf Zillmann, a raiva possui um disparador universal, que é a sensação de perigo. Sensação essa que pode advir de um ataque físico (empurrão, tapa, cotovelada, etc), ou de uma ameaça simbólica à autoestima ou dignidade.

Ao sentir o ataque, o cérebro primitivo – Sistema Límbico (sede das emoções) - libera catecolamina, o que dá um rápido surto de energia. Ao mesmo tempo, a Amigdala Cortical percorre o ramo hipotálamo-adreno-cortical, que gera um efeito mais duradouro que a catecolamina, podendo durar dias, mantendo o cérebro em prontidão, e um efeito cumulativo caso a pessoa sofra algum outro episódio de raiva. Sendo assim, a raiva alimenta a raiva, até que a pessoa "explode" por algo nem tão importante, mas que é a "gota d´água". Um nível muito alto de raiva gera o que Dolf Zillmann nomeou como "incapacitação cognitiva", situação em que a pessoa não consegue raciocinar.

Dar vazão à raiva não é a melhor forma de lidar com ela, e sim interceder racionalmente antes que ela se acumule. Então, aqui vão algumas dicas para que você elimine a raiva antes que ela acabe com você!

▌**1° passo**: Perceba a raiva - o mais importante é perceber que está ficando com raiva. Preste atenção se o "gatilho" foi acionado e vá para o segundo passo.

▌**2° passo**: Afaste-se do causador da raiva – se a discussão foi com um colega de trabalho, chefia ou subalterno, saia do ambiente por alguns momentos.

▌**3° passo**: Procure distrair a atenção. Ruminar a raiva só faz aumentar ainda mais a raiva, porque só vamos encontrando ainda mais justificativas para manter a raiva viva. Segundo o estudo da psicóloga Diane Tice, uma boa artimanha é distrair a atenção, pensando em outra coisa. Você pode caminhar, fazer algum exercício físico, ou relaxamento mental, exercício de respiração, também vale ler um livro, etc. Tente fazer coisas que voltem sua atenção para outro foco.

▌**4° passo**: Procure enxergar as situações por outro ângulo: por exemplo, se estiver no trânsito pense "nem toda fechada é proposital". No trabalho pense "nem toda crítica tem o objetivo de ferir o seu ego". No casamento pense "ele(a) fez algo negativo, mas ele(a) também já me fez coisas positivas". Ou então, pense no prejuízo que a raiva lhe trará caso você dê vazão a ela. O freio da raiva deve ser racional.

Esse quarto passo é fundamental para o controle da raiva e para a canalização desta energia para algo positivo, trazendo para você mesmo grandes realizações e uma qualidade de vida muito melhor!

MEDOS QUE PARALISAM O MUNDO CORPORATIVO

Ao contrário do que muita gente pensa, as emoções são fatores extremamente importantes para o sucesso profissional e para a qualidade de vida. Todas as emoções possuem funções adaptativas que são muito importantes para nossa sobrevivência e para nosso desenvolvimento como seres humanos. Entretanto, quando saem do controle, podem prejudicar o nosso desenvolvimento pessoal e profissional.

Quantas vezes, em uma reunião, seu chefe pediu para que você desse sugestões de melhorias no trabalho, e sua boca simplesmente não abriu para falar? No entanto, você tinha a resposta, pois há dias reclamava com seus colegas. Mas justo na hora de falar diretamente com o chefe, seu corpo pareceu entrar em ebulição: o corpo todo tremeu, o coração disparou, o rosto enrubesceu, e veio uma sensação desesperadora de querer desaparecer. Quando você deu conta... a reunião já havia acabado e, mais uma vez, você perdeu a oportunidade de fazer a sua contribuição.

Nesse ponto é importante enfatizar que o seu problema não está relacionado ao conhecimento técnico de seu trabalho, mas sim à falta de competência emocional, ou seja, à falta de capacidade para controlar suas emoções.

O MEDO é a emoção responsável por todas as manifestações desagradáveis que sentiu: taquicardia, sudorese, tremores, ruborização, etc. Isso não significa que o medo seja algo negativo. Ao contrário, o medo em algumas ocasiões pode salvar nossas vidas. Sem o medo, não haveria prudência e, talvez, atravessássemos a rua sem olhar. Por outro lado, o medo exagerado paralisa, ou prepara o seu corpo para a fuga, luta ou esquiva.

Na paralisia, você simplesmente não consegue participar ativamente de uma reunião mesmo quando tem vontade. No caso da fuga, você pode até sair correndo no meio da reunião. Inventa que passou mal e evita o confronto com o chefe. No caso da esquiva, você pode até evitar participar da reunião para evitar qualquer situação embaraçosa. Outra forma de manifestação do medo é a agressão. Algumas pessoas se mostram muito agressivas e autoritárias, mas na verdade elas estão mascarando a insegurança e usam a agressividade para manter as pessoas à distância e, desta forma, conseguem esconder seus sentimentos de incompetência, ou algum sentimento de menos valia.

O medo pode estar por trás de diversos comportamentos que paralisam o mundo organizacional:

▌Medo do Fracasso: Gera insegurança e ansiedade, tornando a pessoa demasiadamente preocupada com os 'e se', 'e se eu não conseguir, 'e se eu errar', 'e se não fizer certo', etc. Também pode estar ligado ao medo de rejeição. Nesse caso, a pessoa pode ter uma crença inconsciente de que deve ser perfeita e fazer tudo perfeito, pois se assim não for, não terá o amor e a admiração das outras pessoas.

Resultado: ❶ falta de iniciativa: a pessoa não toma iniciativa por medo de errar; ❷ perda do foco nos resultados: a pessoa fica tão preocupada em se cercar de tudo que está sob seu controle, em não errar, que acaba perdendo grandes oportunidades. Seu foco passa a ser os obstáculos a serem enfrentados e não a meta principal; ❸ Procrastinação: a pessoa vai adiando eternamente seus planos e nada concretiza , pois teme a possibilidade de fracasso.

▌Medo de não ser suficientemente bom: São preocupações excessivas sobre o próprio desempenho e o julgamento alheio. Pessoas que sofrem desse tipo de medo, ao término da atividade, da reunião, de uma apresentação, ou seja lá do que for, costumam trazer à memória as cenas da situação analisando cada detalhe e avaliando seu desempenho baseado em supostos julgamentos alheios 'será que falei alguma bobagem?', 'será que eles gostaram do meu desempenho?', 'estavam me olhando estranho, acho que não gostaram', etc.

Resultado: ❶ Perda do foco: a pessoa gasta muito tempo pensando em situações que não voltarão mais. É o chamado "pensamento ruminante" pelo fato de o mesmo pensamento voltar várias vezes à memória com preocupações que não serão resolvidas. Por exemplo, nós não temos controle sobre a percepção das outras pessoas e não temos como adivinhar o pensamento de cada uma delas; ❷ Falta de iniciativa, insegurança e preocupação excessiva: a pessoa congela frente aos desafios por medo do julgamento alheio.

▌Medo do Sucesso: Por incrível que pareça muitas pessoas têm medo do sucesso. Em suas crenças inconscientes funcionam afirmações como 'depois do sucesso vem o fracasso', 'quanto mais alto maior o tombo', 'quero ser rico, mas não quero trabalhar', e por aí vai. Ou então, sentem-se mal ou até mesmo culpadas por estarem em situação privilegiada em relação às outras pessoas. Por conta disso, boicotam-se o tempo todo e não aceitam maiores responsabilidades, atravancando seu próprio sucesso profissional.

Resultado: ❶Falta de comprometimento: a pessoa evita se comprometer para não ter maiores responsabilidades; ❷Autossabotagem: evita chamar atenção, evita ficar em primeiro lugar, evita receber elogios.

Existem outros medos que atravancam nossa vida pessoal e profissional. É preciso entender que o medo nunca deixará de existir, mas podemos superar o medo e irmos em busca dos nossos sonhos. Isso se chama coragem. É o agir com o coração, superando o medo, com a força da alma em busca de um objetivo.

O medo só pode ser superado por meio do autoconhecimento. É preciso detectar o que dispara o seu medo. Por exemplo, se o seu disparador for o julgamento das outras pessoas, talvez você precise lidar com o seu próprio crítico interno, pois o medo de cometer erros não é dos outros e sim o seu próprio medo projetado nos outros. Uma vez detectado o que dispara o medo, fica mais fácil enfrentá-lo. Uma forma de fazer isso é justamente fazendo o que nos dá medo. Exemplo, se o medo é de falar em público, é preciso aproveitar as oportunidades simples que a vida oferece, por exemplo, quando está entre amigos, num happy hour, numa festa, numa reunião, etc, e falar alguma coisa. Faça isso gradativamente, mas sempre se forçando cada vez mais de forma que enxergue melhorias no seu comportamento.

O objetivo do trabalho de autoconhecimento e enfrentamento do medo é fazer com que a pessoa resgate a espontaneidade, pois sem ela não há prazer e criatividade. O medo nos deixa tensos e bloqueia todo nosso potencial criativo. E criatividade tem a ver com felicidade e motivação.

MEDO DO DESEMPREGO?

É comum, e até esperado, que empresas passem por processos de fusões, aquisições ou mesmo estruturações profundas, sofram mudanças no quadro de funcionários. O grande problema é quando você faz parte desse quadro. As empresas anunciam as mudanças e os problemas começam: diante do cenário de incertezas o nível de ansiedade e nervosismo aumenta, tornando as pessoas mais irritadiças. As tensões e atritos entre os funcionários crescem e, com eles, os erros no trabalho. A liderança se vê acuada tendo que lidar com funcionários insatisfeitos, irritados e pressionados por uma carga de trabalho maior, principalmente quando têm que trabalhar com pessoas novas e inexperientes.

Quando se está do lado de fora da situação, a solução sempre parece mais fácil. O problema é quando se está passando pela situação. Lidar com o estresse, a frustração, a irritabilidade sua e dos colegas e, ao mesmo tempo, ter que alcançar as metas da empresa, torna-se cansativo e desgastante.

Mas saiba que é possível amenizar os efeitos negativos que um processo de mudanças no trabalho pode trazer. Veja algumas dicas para reduzir o estresse e ser feliz mesmo quando as situações externas se mostram adversas à nossa vontade.

▌Mantenha atitude positiva: Atitude é uma predisposição interna, que nos ajuda a tomar decisões e que nos leva à ação. Manter uma atitude positiva nos processos de crise significa manter-se otimista. O que diferencia as pessoas que enxergam oportunidades enquanto outras só enxergam problemas em momentos de crise é justamente a forma como elas enxergam a situação e se posicionam frente a elas. Os que enxergam oportunidades são otimistas, enquanto os que só enxergam problemas, são pessimistas. Problemas todos nós teremos em algum momento na vida, mas a forma como passaremos pelas dificuldades é uma questão de escolha. Uma forma saudável de manter a atitude positiva é refletir sobre o que se ganha com a situação. Toda experiência traz um aprendizado, você pode se perguntar "que virtude estou aprendendo e/ou exercitando por meio dessa experiência?", "será que estou tendo que aprender a ser mais paciente? Mais determinado? Mais humilde? Mais confiante? Como essa experiência me torna mais sábio e como ela me fortalece?"

▎Evite valorizar os problemas: Num processo de mudança organizacional é natural que surjam mais problemas do que o normal. Entretanto, reclamar o tempo todo não ajudará a solucionar os problemas, ao contrário, quanto mais você pensar e falar sobre os problemas maiores eles se tornarão. Procure focar na solução dos problemas, pense de forma proativa e seja prático. Escolha fazer parte da solução e não dos problemas. Ao fazer parte da solução você, mesmo sem perceber, fez a escolha de ter sucesso profissional. Você deixa a sua marca no mundo pelo que faz e não pelo que tem intenção de fazer. E sempre existe um "caça-talentos" em busca de um funcionário proativo e com perfil empreendedor.

▎Não misture problemas da empresa com problemas pessoais: Não permita que o medo de não conseguir pagar suas contas atrapalhe o seu desempenho no trabalho. Da mesma forma, não carregue as preocupações e chateações para dentro do seu lar. Em momentos de crise, procure focar no que tem que ser feito. Faça e pronto. Procure não "ruminar" situações. A praticidade nessas horas é importante. Foque no momento presente. Se estiver em casa, foque nos seus familiares e curta o conforto do seu lar. Descanse. Se estiver no trabalho, foque no que deve ser feito e esqueça-se dos problemas domésticos. O estresse ocorre justamente quando a pessoa não consegue se desvencilhar dos pensamentos e preocupações, de forma que quando está no trabalho mantém o pensamento em casa, e quando está em casa pensa no trabalho. Quando isso ocorre aumenta as chances de cometer erros porque o corpo está presente, mas a mente está vagando.

▎Controle a ansiedade: As situações de mudanças causam insegurança. É normal que haja preocupações do tipo "será que serei o próximo a ser dispensado?", "até quando durará tudo isso?", etc. A ansiedade é causada pelo medo da incerteza do futuro. A ansiedade pode trazer pensamentos catastróficos e irreais. Há pessoas que só de pensarem em perder o emprego já se vêm debaixo da ponte e passando fome. Esse tipo de pensamento é irreal. Mas o problema é que se esse tipo de pensamento não for controlado ele pode desencadear problemas de saúde reais como síndrome do pânico, depressão, problemas cardíacos, pressão alta, etc. A ansiedade surge pela sensação de falta de controle sobre a situação. Uma das formas de amenizar a ansiedade é focar no momento presente. O momento presente dá sensação de controle e isso ameniza a ansiedade. Toda vez que os pensamentos catastróficos ameaçarem sua mente, afaste-os! Respire fundo e foque a atenção para o que estiver fazendo.

▌Faça o seu melhor sempre e confie!: Mesmo sem perceber você está sendo observado. Mesmo que a empresa tenha anunciado cortes e que você esteja no meio deles, procure entregar o melhor trabalho até o período final. O mercado carece de trabalhadores proativos, com iniciativa, que entregam bons resultados. Se você faz um bom trabalho, você deixa uma marca positiva por onde passa. Sem você saber as pessoas comentam sobre você. Isso é marketing pessoal. Essas informações, com certeza, chegarão às pessoas interessadas em você. Sendo assim, a preocupação só ocorre para quem não tem certeza sobre a qualidade do seu próprio trabalho. Lembre-se: o bom trabalhador nunca fica desempregado.

Agora, se você já perdeu o emprego, não se desespere! As dicas a seguir irão ajudá-lo a lidar com essa situação:

▌Nunca ache que o desemprego é um castigo: Passar pela crise é um grande aprendizado. Muitas pessoas descobrem potenciais escondidos quando passam por situações difíceis, pois quando se está na zona de conforto, raramente habilidades diferentes são exigidas. No idioma chinês, a palavra "Crise" é formada pelos ideogramas "perigo" e "oportunidade".

▌Faça o luto do emprego anterior: De nada adianta lamentar ou reclamar do passado. Apenas pegue a parte boa da experiência e siga em frente. Muitas pessoas ficam presas a ressentimentos relacionados à empresa anterior e paralisam suas vidas.

▌Tenha iniciativa: Nunca espere um resultado sem ter feito alguma ação para gerá-lo. Ninguém baterá à sua porta, portanto, vá a luta. Ofereça ajuda, pergunte para as pessoas se elas sabem de alguma vaga, fale aos seus amigos que está em busca de uma oportunidade.

▌Invista nos relacionamentos: Como já mencionamos em outros textos deste livro, até 80% das recolocações são realizadas por indicação. Portanto, use as habilidades sociais para manter a sua rede de relacionamentos sempre ativa. Cuidado para não procurar as pessoas apenas quando precisa delas.

▌Não permita que seu orgulho piore sua situação: Humildade é a virtude a ser desenvolvida neste momento. Ser humilde significa pedir e receber ajuda, reconhecer suas limitações e saber que sozinho não se faz nada. É não se envergonhar da situação. Pessoas orgulhosas trancam-se em casa. Com arrogância, dizem não às oportunidades sem avaliá-las com cuidado só porque não terão o mesmo salário ou mesmo cargo (poder). Querem que as situações se adaptem a ele e não o contrário. Esse tipo de postura apenas prolonga o sofrimento e o tempo de desemprego. Mesmo que receba uma proposta inferior, avalie-a, veja se a empresa oferece oportunidades de crescimento e invista nela caso perceba que podem crescer juntos.

❚ Aprenda a pensar e agir como um empreendedor: Em momentos de crise, funcionários empregáveis são aqueles que fazem os olhos dos donos de empresa brilharem. São aqueles que trabalham como se fossem donos. São os que mostram iniciativa, energia, jogo de cintura, adaptabilidade, comprometimento, e os que compreendem a cadeia que sustenta a economia: se a empresa vai mal, ele também vai mal. Observe seus comportamentos, suas palavras, os temas que aborda em suas conversas. Você é uma pessoa positiva? Ou só vive reclamando? Você apresenta soluções ou só enxerga problemas? Você toma as rédeas das situações ou é vítima delas? Observe a postura que você adota no seu dia-a-dia de trabalho.

Gostaria de finalizar esse texto com uma reflexão que serve tanto para quem está empregado como para quem está desempregado. Grande parte do sofrimento humano é decorrente da tendência que temos em misturar a nossa essência com as identidades ou papéis sociais que assumimos durante a vida.

Nossa vida é como um palco onde, a cada momento, interagimos com outras pessoas através de uma máscara, ou papel social. Dependendo de quem está a nossa volta, assumimos a identidade de filhos, pais ou mães, avós, profissionais, amigos, professores, conselheiros, etc. Apesar de assumirmos diversas identidades, é muito importante lembrar que nós não somos nenhuma delas, apenas nos servimos delas para nos adaptarmos ao mundo em que vivemos.

Quando nos identificamos demais com essas identidades e passamos a confundir nossa essência com uma determinada identidade, inicia-se o sofrimento. Imagine um trabalhador, de origem humilde, que conseguiu acumular bens materiais através do seu trabalho como: casa, carros e alguns terrenos. Seus familiares e amigos o admiram e ele também sente muito orgulhoso de si mesmo. Gosta tanto disso que passa a acreditar que essa identidade de homem poderoso, que paga jantares para a família, patrocina festas, que faz viagens exóticas, etc. seja sua própria essência.

Agora imagine o cenário da vida desse homem desmoronando por conta de um mau acordo comercial. De uma hora para outra ele se vê falido, precisando vender urgentemente seus terrenos, carros, até mesmo a sua casa, sendo forçado a entrar no aluguel. Como esse trabalhador estava muito identificado com sua identidade anterior, haverá grande sofrimento psicológico, pois ele insistirá em ser o homem poderoso, porém os bens materiais necessários, que justamente o tornavam poderoso, já não existem mais. Existe aí um profundo sentimento de frustração, seguido de raiva e revolta com a vida.

Agora imagine esse mesmo homem, trabalhador e muito bem sucedido financeiramente, mas que não mistura sua essência com suas posses materiais. Ao perder todos os seus bens, esse segundo homem, conectado com sua verdadeira essência, não se vê como um derrotado, e sim desafiado pela vida a dar a volta por cima. Seu comprometimento não estava atrelado à identidade do homem poderoso e sim com seu potencial de trabalho, sua criatividade, sua inteligência, seu conhecimento, sua habilidade em lidar com as pessoas e seu profundo respeito e amor ao trabalho. Não é preciso pensar muito para concluir que esse segundo homem passará pela situação negativa de forma muito mais produtiva, e mais rapidamente conseguirá reagir e sair da situação.

Essa atitude de nos mantermos conectados com nossas virtudes, habilidades, competências e até mesmo potenciais que ainda não foram desenvolvidos, nos ajudam a nos recuperarmos de situações em que nos sentimos fragilizados por perdas materiais.

O que quero dizer com tudo isso é que perder e ganhar bens materiais faz parte da vida, é como se fosse um lembrete de que dessa terra não levaremos nada físico, nem um fio de cabelo poderá ser levado por nós após a nossa morte. O que nos resta é sempre a nossa essência e o aprendizado pela experiência. Portanto, todo o restante deve ser visto como um empréstimo da vida. Usufruímos dos bens materiais, mas eles não são nossos, assim como as pessoas com as quais convivemos também não serão eternas.

Situações de desemprego nada mais são que exercícios para nosso espírito aprender a se desapegar das identidades e questões materiais. Nunca devem ser vistas como um castigo, ao contrário, devem ser vistas como algo que nos fortalece, uma vez que nos tira da zona de conforto e faz com que busquemos dentro de nós a força necessária para reagir de forma positiva, com paciência, determinação, motivação e alegria. Lembre-se: apenas os desafios lapidam o espírito. A zona de conforto somente nos enfraquece.

MEU CHEFE ME ODEIA

Nem sempre a relação chefe/subordinado é um mar de rosas. Pode acontecer de você se deparar com um chefe que simplesmente "não vai com a sua cara". Evitar contato visual, ser grosseiro, não lhe dirigir a palavra diretamente, excluí-lo das reuniões e das piadinhas, tratá-lo com indiferença ou diferente dos demais colegas da equipe, preferir o contato virtual que o pessoal, são alguns sinais de que seu chefe não tem uma boa afinidade com você. Se esse é o seu caso, seguem algumas dicas para tentar amenizar a situação entre você e seu chefe:

▌**Lide racionalmente com a situação:** A parte mais difícil do processo é lidar com o sentimento de rejeição, que nos invade cada vez que percebermos que não somos amados e queridos. Ou somos tomados pela tristeza, e aí perdemos a motivação, a energia. Ou somos tomados pela raiva, e reagimos de forma arrogante na tentativa de diminuir o valor do outro, e aí vemos reações do tipo "ele não é nada para mim", "eu sou mais eu", "ele que me ature", etc., e esse tipo de reação em forma de embate também é negativo porque só distancia e piora a situação. Situações delicadas como essa exigem controle das emoções. Isso não significa "engolir" as emoções, mas apenas perceber como elas se instalam em você. Antes de reagir, avalie a situação como se fosse uma pessoa de fora. Assim, você conseguirá ser mais assertivo na análise, e terá condições de criar a melhor estratégia para resolver a questão. Também é importante que você tome a experiência como aprendizado e não como um castigo ou azar. Além disso, é uma oportunidade para você perceber o tamanho do seu ego e entender que nem todas as pessoas são obrigadas a gostar de você.

▌**Volte o filme e analise:** Pergunte-se: é a primeira vez que você conhece alguém que "não foi com a sua cara?", provavelmente não. Ou, alguém já lhe contou que 'fulano' não foi com a sua cara? Nessas ocasiões que tipo de críticas você ouviu? Você fala demais? É invasivo demais? Pergunta demais? É dependente demais? Quer agradar demais? Etc. Observe que tipo de comportamento você emite que desagrada os outros. Outra coisa que pode ajudar é perguntar aos seus amigos, parentes, etc, que tipo de comportamento você exibe que pode ser desagradável para as pessoas. Talvez isso já lhe dê uma "luz".

❚ Teste outras estratégias: Tente mudar a sua forma de agir com o seu chefe. Procure-o apenas para coisas importantes e seja mais objetivo ao falar. "Dê um tempo" ao seu chefe, às vezes o distanciamento ajuda a rebaixar a irritação. Converse com colegas de trabalho, procure entender o que está acontecendo, peça sugestões. Depois tente um novo começo observando bem "causa e efeito", ou seja, em que momento e o que o faz "virar a cara?". Dessa forma, você vai "moldando" o seu comportamento e se ajustando ao estilo do seu chefe. Muitas pessoas orgulhosas podem pensar que isso é humilhação. Elas estão redondamente enganadas! A capacidade de se adaptar ao estilo do outro é uma grande habilidade da inteligência emocional. Exige muita capacidade de empatia para fazer isso. Poucos são os que têm paciência e humildade para aprender. E quem consegue desenvolver essa habilidade está anos-luz a frente daqueles que teimam em achar que o mundo deve se moldar ao "umbigo" deles.

❚ Mostre resultados: Cultivar bons relacionamentos é positivo, mas lembre-se de que o mais importante são os resultados que você traz através do seu trabalho. Portanto, foque no seu trabalho, chegue no horário, mantenha o trabalho em dia, esteja sempre atento ao trabalho e faça da melhor maneira possível. Isso por si só já garantirá bons frutos para você.

❚ Converse com seu chefe: Uma das formas mais eficazes de resolver o problema é conversar diretamente com quem se tem o problema. Peça alguns minutos para conversar com seu chefe. Em tom calmo, conte a ele sobre a sua preocupação, fale de suas impressões, sobre o comportamento dele e como eles impactam no seu estado de espírito. Mostre tudo o que você já fez, mesmo sem ele saber, para melhorar o relacionamento. Diga que está lá como parceiro(a) e que deseja manter um bom clima de trabalho, mas que já não sabe mais o que fazer. Peça a ele sugestões de como vocês podem alinhar melhor o trabalho e as expectativas. Pergunte o que ele não gosta e o que ele gosta que você faça.

❚ Busque ajuda: Caso você já tenha esgotado todo seu arsenal de tentativas e paciência, chegou a hora de buscar ajuda com o RH. Explique a situação, fale tudo o que fez para tentar reverter a situação, mostre sua boa intenção para melhorar e que está disposto a realizar outras tentativas com o suporte do RH.

▌Reflita se vale a pena: Caso sua última tentativa não tenha dado frutos, então chegou a hora de refletir se vale a pena continuar na empresa. Só você saberá o seu limite e o quanto o relacionamento com o seu chefe interfere no seu desempenho. O mais importante é você saber que fez todo o possível para melhorar a situação e que o problema já não está mais em suas mãos. Isso lhe dará a tranquilidade de consciência necessária para aprender com a lição e seguir em frente!

Para que exista um bom relacionamento é preciso que todos o desejem. Infelizmente, nem todas as pessoas estão preparadas para os cargos que ocupam. Líderes deveriam ser aqueles que mais se esforçam para manter o bom clima e relacionamento dentro da empresa, ou pelo menos, dentro do departamento. Deveriam partir deles as iniciativas da boa convivência e bem-estar. Porém, sabemos que na vida real as coisas não são bem assim, nem sempre trabalhamos com cenários ideais, mas, ainda assim, ganha aquele que se propõe a fazer todo esse esforço necessário para garantir o bom relacionamento. Se esse é o seu caso, parabéns! Continue assim, lutando pelo bem, mesmo quando as situações ou as pessoas lhe oferecem justamente o contrário.

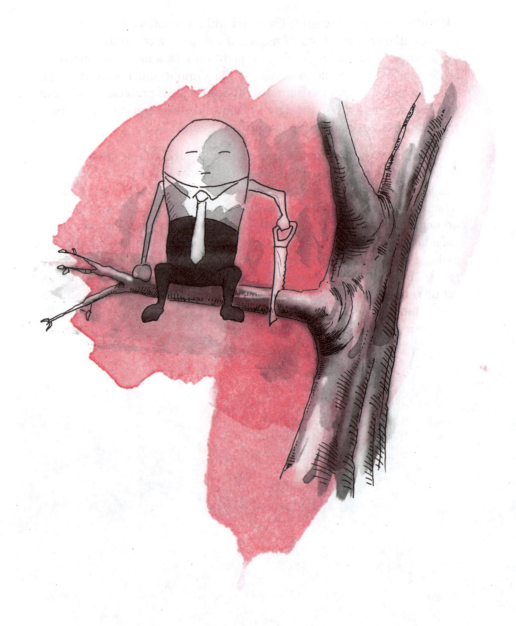

SÍNDROME DO IMPOSTOR

Imagine a seguinte situação: você acabou de fazer uma apresentação de trabalho e, ao término, seus amigos vêm lhe dar os cumprimentos pela excelente apresentação. Mas em vez de ficar feliz pelos elogios, você sente uma sensação ruim, como se não fosse merecedor dos elogios, como se tivesse enganado a todos. Se isso lhe acontece com muita frequência, talvez você esteja sofrendo da "Síndrome do Impostor". Vamos conhecer melhor o assunto?

O termo "Síndrome do Impostor" foi utilizado pela primeira vez pela psicóloga Pauline Clance, na década de 1970, e uma pesquisa realizada pela psicóloga Gail Matthews apontou que cerca de 70% dos profissionais sofrem ou já sofreram da "Síndrome do Impostor" em algum momento de suas vidas. A síndrome atinge especialmente mulheres e ocorre principalmente quando o indivíduo se encontra diante de grandes desafios profissionais.

O primeiro contato com a Síndrome pode ocorrer na Universidade, momento em que o jovem toma consciência de que suas conquistas estão diretamente relacionadas às suas competências, causando profunda ansiedade e insegurança.

Sintomas da síndrome estão relacionados a crenças negativas a respeito da própria inteligência, competências e habilidades. Conheça algumas delas:

▎**Desmerecimento do próprio sucesso:** Essas pessoas não acreditam que merecem seu sucesso. Não conseguem reconhecer o esforço feito, o tempo dedicado, as ideias que tiveram, etc. Enxergam o sucesso como algo externo a elas, e além do seu poder de controle.

▎**Dificuldade para lidar com as próprias falhas:** Ao contrário de indivíduos que não conseguem reconhecer as próprias falhas, as pessoas que sofrem da Síndrome do Impostor, atribuem as falhas a si mesmos. Sentem muita vergonha e mal estar só de pensar que podem falhar.

▎**Comparação com outras pessoas:** E nessa comparação sempre chegam à conclusão de que os outros são muito melhores, mais inteligentes, mais competentes do que elas. A Síndrome do Impostor é um quadro de baixa autoestima, mas que está diretamente ligada ao trabalho ou a situações em que nossa competência é posta à prova.

Não reconhecimento de elogios: Atribuem todas as suas conquistas à sorte. Pensam que não possuem controle sobre nenhuma situação, e nunca sabem quando terão sorte novamente.

Receio de serem desmascaradas: Esse é o grande fantasma da Síndrome do Impostor e gerador de muito sofrimento. Muita energia psíquica e física é gasta para esconder de todos que não passam de uma grande farsa.

Sensação de ser grandes impostoras: Essas pessoas se sentem muito mal porque acreditam que enganam as outras pessoas. Pensam que conseguem as coisas por serem simpáticos e não por serem inteligentes ou esforçados. Ao mesmo tempo, temem ser desmascaradas por temerem perder o amor e respeito das outras pessoas.

Tais crenças geram muita ansiedade e, na tentativa de minimizar ou compensar os sintomas negativos da ansiedade, podem adotar mecanismos de defesa nada saudáveis e até sabotadores:

Ir a extremos (trabalhar demais ou de menos): Alguns indivíduos se sobrecarregam de trabalho, pois como não acreditam em suas competências, pensam que apenas as horas de trabalho irão salvá-los. Entretanto, fazem isso de forma exagerada, e nunca sentem que é o suficiente. Outros indivíduos trabalham "de menos", ou seja, quando percebem que o desafio é grande demais nem se mexem, pois sabem que não conseguirão. Além disso, é menos doloroso mostrar que não conseguiu o objetivo porque nem tentou do que deixar as pessoas perceberem que não conseguiu porque é burro.

Arrogância ou simpatia demais: Indivíduos afetados pela Síndrome do Impostor podem adotar uma das duas posturas como forma de preservar a autoestima. Ou se distanciam das pessoas mantendo uma postura arrogante, do tipo "sei de tudo". Ou mostram uma postura mais amistosa e simpática com as pessoas, tentando "ganhá-las" pela simpatia.

Tentam passar despercebidos: Buscam empregos e posições de pouca visibilidade na vida profissional, pois temem serem vistos ao falhar.

Buscam aprovação social: A aprovação social é importante porque é sua referência de que está indo no caminho certo. Tentam ser simpáticos, ou mostrar bons resultados, mas, por outro lado, o fato de buscar a aprovação dos outros reforça o sentimento de fraude porque consideram que estão manipulando a opinião dos outros a respeito de sua própria imagem.

▌Procrastinação: O medo de errar pode fazer com que nunca iniciem seus projetos. A insegurança e a ansiedade funcionam como uma barreira invisível que impede que se movimentem adiante.

▌Autossabotagem: Algumas pessoas adotam comportamento de autossabotagem toda vez que se estão diante de algum tipo de desafio, por exemplo, se passarão por um teste, saem para beber no dia anterior ao teste, ficam bêbados, ou chegam atrasados, ou erram o dia, etc. São comportamentos de evitação e que "justificam" o porque de não terem enfrentado o desafio.

Se você se identificou com os sintomas, veja algumas dicas de como sair do ciclo vicioso do Impostor:

▌Observe ações, consequências e assuma responsabilidades: Pessoas que sofrem com a Síndrome do Impostor vivem num mundo à parte da realidade, e separam ações das consequências, entendendo, por exemplo, que o sucesso alcançado não foi devido ao seu próprio esforço. Você deve compreender as relações entre ações e consequências.

Comece com práticas simples. Por exemplo, ao terminar de lavar a louça, olhe para a pia limpa, faça um breve elogio para si mesmo, e observe como é boa a sensação de ter a cozinha limpa sem cheiro de gordura.

Outro exemplo de exercício é sair cedo de casa, chegar ao compromisso com antecedência e perceber que isso ocorreu porque você fez isso acontecer. Não foi sorte.

Se, por acaso, foi promovido, observe que isso também trará consequências que serão mais responsabilidades, uma exigência maior para aprender a nova função, etc. E assuma essas responsabilidades.

▌Conheça seus pontos positivos: Peça para pelo menos 5 pessoas escreverem em um papel dez características positivas que elas enxergam em você. Leia e faça uma lista única. Ande com essa lista e, por diversas vezes ao dia, leia a lista e observe quais comportamentos você realiza que mostram seus pontos positivos.

▌Não tente ser perfeito: O grande problema da Síndrome do Impostor é errar e todos verem. Lembre-se: você é um ser humano e, portanto, passível de erros. Trabalhe a postura do aprendiz e da humildade. Coloque-se sempre como se estivesse aprendendo, colocando a atenção no que está aprendendo e não nos erros.

TRABALHANDO COM O INIMIGO

Puxar o tapete, trapacear, falar mal pelas costas, etc, são comportamentos que existem no mundo corporativo, mas o problema é quando a vítima é você. Trabalhar com um profissional que não deseja o seu sucesso e ainda faz de tudo para prejudicá-lo é um grande desafio à sua paciência e maturidade para lidar com o problema.

Reagir de forma emocional aos ataques do inimigo podem piorar a situação e gerar ainda mais problemas para você. Veja aqui as seis dicas para se sair bem dessa saia justa:

▌**Controle os nervos:** A raiva é uma emoção de defesa que prepara o corpo para o ataque. E a reação automática a um ataque é o contra-ataque. Entretanto, revidar de forma impensada, ou gastar tempo e energia bolando planos de vingança é a pior forma de resolver a situação, simplesmente porque não soluciona o problema e ainda cria novas situações desagradáveis, gerando loopings de ataques e contra-ataques. Procure se acalmar para que seu lado racional possa trabalhar.

▌**Veja com os olhos do inimigo:** Aprender a enxergar o mundo sob o ponto de vista do outro é um verdadeiro aprendizado. Uma vez que você já conseguiu controlar a sua raiva, você deve observar a situação como se fosse uma terceira pessoa, ou seja, com um olhar neutro, sem julgamentos ou emoções. Tente compreender o porquê do ataque da pessoa. Pessoas que atacam normalmente o fazem por se sentirem ameaçadas. Às vezes, seu inimigo pode sentir-se inseguro perto de você e sentir-se ameaçado por suas qualidades ou, ele pode sentir que você está invadindo o espaço dele. Reflita agora sobre seus próprios comportamentos, e perceba o quanto a sua conduta pode gerar inseguranças em seu colega.

▌**Mude seu comportamento:** Todo relacionamento possui uma dinâmica de forma que um reage ao comportamento do outro. Para mudar uma dinâmica negativa é necessário que alguém mude o comportamento, para que a reação do outro também se altere. Se você reagir com raiva ao ataque do outro, você alimentará a raiva do seu colega que, por sua vez, revidará de forma mais forte, gerando um ciclo destrutivo. Porém, se em vez de reagir com raiva e se afastar da pessoa, você reagir de forma compreensiva e pacífica, você retirará a força da reação raivosa do seu oponente. Aproxime-se dela mostrando que você não é uma ameaça e que não está lá para lhe tirar o lugar. Ao contrário, mostre a ela que você está disposto a ajudar e solucionar qualquer mal entendido.

❚ Fortaleça sua reputação: Enquanto você observa a situação e coloca sua estratégia de pacificação para funcionar, fique atento à sua performance no trabalho. Não permita que problemas pessoais do trabalho atrapalhem seus resultados, pois isso sim o deixaria em situação bastante delicada frente aos ataques.

❚ Peça ajuda: Caso você já tenha esgotado todas as suas tentativas de pacificação e mesmo assim seu colega insiste em se posicionar como seu inimigo, ou o que ele está fazendo já ultrapassou a medida do aceitável, então já está na hora de pedir ajuda ao seu chefe, RH ou qualquer outra pessoa que possa intervir entre você e a pessoa em questão. O mais importante é que você mantenha sempre a postura pacífica e não entre no jogo de raiva e intriga da pessoa que não gosta de você. Lembre-se de que a raiva é dela e não sua, e você não tem controle sobre o sentimento dos outros, mas pode controlar e mudar o seu próprio comportamento com relação a essa situação.

❚ Aprenda com a experiência: Sei que é extremamente desagradável lidar com situações delicadas como essa, em que nos sentimos atacados sem termos feito nada para merecer isso. Entretanto, a vida sempre nos trará situações para que nós possamos desenvolver nossas virtudes humanas. Numa ocasião como essa, podemos reagir de duas formas: ou alimentamos a raiva e a perpetuamos, ou deixamos a raiva morrer de fome. Na primeira situação, alimentamos a raiva quando reagimos de forma também agressiva, e com rancor gastamos nosso tempo e energia pensando em como liquidar o inimigo. A segunda forma de reação é mais positiva, pois nos permite desenvolver a maturidade, racionalidade e capacidade de compreensão de forma a amenizar a situação que já é negativa, em vez de alimentá-la. No final da história, concluímos que temos que agradecer aos nossos inimigos por eles fortalecerem o nosso caráter e capacidade de transformar situações negativas em positivas. Se não houver situações de provações como essas, nunca saberemos o quanto realmente somos pessoas capazes de construir o bem.

COMO LIDAR COM A INVEJA NO TRABALHO

Quem nunca fez ou foi vítima de fofoca no trabalho que atire a primeira pedra! Pois saiba que a fofoca é uma das máscaras da inveja.

Convivemos há tantos anos com a inveja, que não conseguimos detectá-la, e chegamos a nos iludir de que não sofremos desse mal. Entretanto, a inveja nos acompanha desde o nascimento, mas começa a tomar uma proporção maior na idade escolar.

Segundo o dicionário Aurélio, inveja é o "desgosto ou pesar pelo bem ou felicidade de outrem. Desejo violento de possuir o bem alheio". Portanto, a inveja só pode ocorrer na comparação entre o "eu" e o "outro".

É por isso que o ambiente competitivo é favorável ao desenvolvimento da inveja. Na escola, além de ler e escrever, aprendemos a competir pela melhor nota, pelo melhor desempenho e, mais tarde, no ambiente de trabalho, pelo melhor salário, melhor carro, melhor casa, etc. O mundo competitivo alimenta a inveja e nem sempre prepara o homem para a vida.

A inveja traz sentimentos negativos de inferioridade e baixa autoestima. Ao nos compararmos o tempo todo com o que está fora, perdemos a referência das características positivas que temos.

Como o invejoso não pode ter o que é do outro, ele destrói o que é do outro através de pensamentos, palavras e ações. Exemplo: "fulano é rico, mas é feio!". "Ciclano é inteligente, mas é pobre". "fulano tem um carrão, mas está cheio de dívidas". O invejoso se vangloria com elogios falsos para compensar o mal estar, e está sempre menosprezando, falando mal e criticando aqueles que inveja.

Outro exemplo de mecanismo é a pessoa que inveja a calma e a inteligência de outrem. Ela ataca o outro até que o "tira do sério". Desta forma, ela consegue tirar a calma do outro e faz com que o outro tenha um comportamento nada inteligente.

A inveja também pode afetar os comportamentos sociais, como a afirmação "eu não vou à festa porque só tem gente metida lá, e eu odeio gente metida!". O que está por detrás da aversão à festa é o medo de ser desmascarado. Então, justifica o medo da exposição, desvalorizando o evento social e as pessoas que lá estão.

A inveja possui diversas máscaras. Veja alguns exemplos de como a inveja se manifesta no ambiente de trabalho:

▌**Máscara da FOFOCA:** O fofoqueiro, em vez de se esforçar para crescer e progredir, prefere denegrir os outros para compensar a sua índole e ociosidade.

▌**Máscara da LAMENTAÇÃO:** Percebe-se como "o azarado", sente que nunca é reconhecido pelo trabalho. Uma fala muito comum do lamentador é a comparação, "Você viu o Pedrinho, como tem regalias aqui? Ele entrou aqui há poucos meses e já é coordenador! E eu? Que estou aqui há mais de cinco anos não consegui nada até agora."

▌**Máscara da HIPOCRISIA:** Apresenta-se sorridente e afetuoso, com palavras amáveis, entretanto, desencoraja o crescimento alheio. Exemplo, "se eu fosse você, eu não correria o risco de falar com o chefe sobre esse assunto. Eu mesmo já vi vários casos de pessoas que, quando foram falar sobre promoção, foram logo demitidas".

▌**Máscara da PIEDADE:** Mostra-se manso e humilde, entretanto, menospreza o esforço alheio. "É, o coitado é novato mesmo, chega cheio de gás, cheio de vontade, mas a hora que ele perceber como as coisas funcionam aqui, quero ver para onde é que a alegria dele vai".

▌**Máscara da MELANCOLIA:** Muito parecida com a máscara da lamentação, a diferença é que a melancolia cai mais para a baixa autoestima enquanto a lamentação coloca a culpa na situação ou em outras pessoas. "Eu me sinto tão burra, sabe? Ele não, ele é tão extrovertido, tão simpático, tão animado, e eu... eu sou tão murcha..."

▌**Máscara do COMPETITIVO:** Perceptível não apenas por meio das palavras, mas também por meio de comportamentos consumistas. A máxima - "Tem gente que gasta o que não tem, para comprar o que não precisa e mostrar para quem não gosta" - fala por si só!

▌**Máscara do SENSATO:** Denigre a imagem alheia mostrando o quanto o outro é insensato. Ex.: "Se eu tivesse metade do que ele tem, eu estaria feliz!".

Combater esse problema não é fácil. Veja a seguir algumas sugestões:

❚ Como lidar com a própria inveja?

- A única forma de combater a inveja é freando os impulsos comparativos, olhar para si mesmo e aceitar-se (gostar de si mesmo) como realmente é.

- Quando deixamos de nos comparar aos outros e passamos a nos observar, a autoestima tende a aumentar porque nos permitimos observar o quanto estamos melhorando em diversos aspectos.

❚ O que fazer quando a inveja impera na equipe?

- Tente retirar o mecanismo comparador do foco principal da pessoa em questão, trazendo para discussão o comportamento da própria pessoa. Mostre que a comparação não agrega em nada, não ajuda nem a equipe a crescer e nem ela mesma.

- Dê-lhe feedbacks. O invejoso é inseguro de si mesmo porque não se conhece, e olha tanto para o outro que perde a referência de si mesmo. Mostre a ele os pontos positivos e os pontos que ainda precisa melhorar.

- Ajude-o a criar um ideal de vida. O melhor remédio contra a inveja é conhecer o sentido da própria existência e sentir prazer em coisas simples: incentive-o a ir ao cinema, ao teatro, a ler livros inspiradores, poesias, romances, etc.

PERFIS QUE MAIS ATRAPALHAM AS EMPRESAS

Quem nunca teve que aturar um colega de trabalho reclamão, ou fofoqueiro, do tipo que contamina o ambiente de forma negativa? Ou então, aquele colega arrogante, que adora 'roubar' as ideias dos outros levando os méritos pelo trabalho? Ou mesmo aquele falso que sorri para você mas fala mal 'pelas costas'? Pois é, tem de tudo no ambiente de trabalho.

Por mais negativo que possa parecer, nem sempre as pessoas que realizam esses comportamentos são conscientes das consequências negativas de seus próprios comportamentos. Por exemplo, a pessoa que reclama apenas deseja desabafar, mas não percebe que seu desabafo se dá de forma errada, no lugar errado, com a pessoa errada, gerando consequências negativas para ela mesma, para os colegas de trabalho e para a empresa.

O autoconhecimento é a única chave para romper o ciclo vicioso do comportamento negativo. É preciso reconhecer o comportamento para depois aprender a lidar com ele.

Conheça aqui os quatro tipos negativos que mais atrapalham as empresas e aprenda como ajudar colegas com esses perfis (Lembre-se: o melhor feedback é aquele dado com carinho visando o bem do colega). Aproveite para fazer uma análise do seu próprio comportamento, pois às vezes nos surpreendemos realizando comportamentos como esses.

1. O MAL HUMORADO

Também conhecido como 'o reclamão' ou 'o pessimista'.

▌Características:

- Reclama de tudo, desde a estrutura física como computadores, ar-condicionado, mesa, cadeira, etc, passando pelos processos da empresa, até chegar às pessoas.

- As conversas giram em torno de questões negativas: dificuldades financeiras, trânsito, violência, dificuldades na empresa, etc.

- Coloca-se na posição de vítima, e reclama sem dar sugestões de melhorias e também não faz nada para melhorar o ambiente.

- Nunca admite erros. O problema está sempre com os outros.

- É melindroso, ressente-se facilmente, o que gera problemas de relacionamento, nos trabalhos em equipe e também nas relações com chefias.

- Apresenta produtividade medíocre ou abaixo da média. Tem pouca energia para o trabalho.

- Possui muita raiva e rancor dentro de si. É duro com as pessoas, não perdoa nada e não "deixa passar" nenhuma situação sem que a critique. Seu olhar está contaminado pelo rancor a ponto de não enxergar o lado positivo das coisas.

Se você tem um amigo assim: Anote os comentários realizados pelo seu colega durante o dia e as consequências deles. Chame-o para uma conversa informal e nela fale sobre os comentários observados e as consequências negativas para o ambiente de trabalho. Diga a ele que, se quiser desabafar, que o faça de forma privada e com as pessoas certas. Se desejar, pode se colocar à disposição para isso. Mostre a ele o lado bom das coisas e ensine-o a agradecer.

Se você possui esse perfil: Se você percebeu que possui esse perfil, você precisa aprender a enxergar o lado positivo da vida. Em uma folha de papel escreva dez coisas e/ou pessoas que fazem parte da sua vida e de que você gosta muito. Pode ser casa, carro, mãe, filho, algum curso que esteja fazendo, etc. Ao acordar, leia o primeiro item, feche os olhos, imagine o item em sua mente, e agradeça de forma a sentir a emoção da gratidão (não se limite apenas à palavra "obrigado", o foco deve ser o sentimento). Faça isso com todos os demais itens da lista. Leve essa lista com você e faça esse exercício pelo menos três vezes ao dia.

2. O FOFOQUEIRO

É uma pessoa observadora e, normalmente, fala demais.

- Apresenta baixa produtividade porque o foco da atenção não está na meta de trabalho e sim na vida das pessoas.

- Vira e mexe está envolvida com algum tipo de problema de relacionamento entre os colegas de trabalho.

- É ótima companheira do perfil mal-humorado: este último alimenta o perfil fofoqueiro de notícias negativas e o fofoqueiro se encarrega de espalhar as más notícias.

- Possui muita inveja do sucesso do outro. O bem-estar do colega incomoda, por isso denigre a imagem dos colegas para se sentir um pouco melhor.

▎Se você tem um amigo assim: Faça o mesmo que fez com o reclamão: anote os comportamentos do fofoqueiro e suas consequências. Chame-o para conversar num tom amistoso. Mostre ao amigo que todas as ações têm consequências, mesmo que seja um simples comentário.

A atenção do fofoqueiro está demasiadamente focada no comportamento do outro, e ele precisa olhar mais para si mesmo. Ajude-o a fazer isso mostrando habilidades que ele pode desenvolver para melhorar a própria performance no trabalho, mostre que ele possui coisas boas e que precisa focar no próprio crescimento.

▎Se você possui esse perfil: Muitas vezes causamos agitação no mundo externo para não ter que lidar com a agitação do mundo interno. Você deve voltar sua atenção para si mesmo e utilizar o tempo útil para investir em seu próprio crescimento. Antes de fazer qualquer comentário pergunte a si mesmo se é útil e importante ou não. Se não for, apenas cale-se. Se alguém lhe contar alguma fofoca, simplesmente não repasse. Trace um plano de desenvolvimento pessoal, ocupe a cabeça e seu tempo com algo que seja útil para o seu sucesso profissional.

3. O ARROGANTE

Também conhecido como o 'competitivo' ou 'sabe tudo'.

- Valoriza apenas a si mesmo e suas ideias, menosprezando o trabalho, as ideias e o esforço do restante da equipe.

- Apresenta dificuldade de trabalhar em equipe. Sua ansiedade em ser "o melhor" faz com que atropele o restante da equipe.

- Nunca assume erros. Como ele se sente perfeito, o erro só pode ser cometido pelas outras pessoas.

- Tende a rotular as pessoas como sendo lerdas ou burras demais, por isso prefere trabalhar sozinho.

- Em um confronto de ideias tende a reagir agressivamente, e depois justificar o modo grosseiro de agir com um "eu estava apenas defendendo meu ponto de vista".

- Sua ambição é grande demais, o que não lhe permite olhar para os lados e oferecer ajuda aos colegas de trabalho. Isso seria uma perda de tempo.

- É inseguro e utiliza-se da máscara da arrogância para proteger-se do medo de ser 'desmascarado'. É rígido consigo mesmo, assim como é com os demais. Não aceita que pode falhar. Falta-lhe humildade e, com isso, não se abre para novos aprendizados.

- Normalmente apresenta bons resultados porque são eles que darão sustento ao comportamento arrogante.

Se você tem um amigo assim: A pessoa arrogante, no fundo, é muito insegura de si mesma. Como mecanismo de compensação, se faz de forte e sabe-tudo, mantendo as pessoas à distância, causando falsa sensação de conforto de que não será desmascarada em suas fraquezas. Mostre, através de atitudes, que você não está lá para lhe puxar o tapete, e sim para ajudar, coloque-se como parceiro. Mostre que ser generoso, reconhecendo ideias alheias, permitindo que a equipe participe, etc, não fará com que ele próprio perca o seu valor. Ao contrário, mostrará que ele é capaz de criar uma equipe com melhor desempenho.

Se você possui esse perfil: Você precisa rebaixar o seu crítico interno. Você é severo demais consigo mesmo e com os outros. Não aceita errar e também não suporta os erros alheios, e com isso acaba inibindo sua própria espontaneidade e criatividade, deixando todo o processo de trabalho pesado, sério e tenso demais. Ao rebaixar o crítico, automaticamente, você abre espaço para a virtude da humildade. Ela abre as portas do aprendizado. É o contrário do sabe-tudo, a humildade ensina a "aprender a aprender".

4. O MANIPULADOR

Normalmente bastante comunicativo, persuasivo, inteligente e simpático. Utiliza-se do poder de comunicação e influência para manipular as pessoas em benefício próprio.

- É observador e conhece a natureza das pessoas. Dá-se muito bem com as chefias conquistando rapidamente a confiança.

- É egoísta e egocêntrico. Pensa apenas no seu próprio bem-estar. Passa a imagem de alguém competente, porém aproveita-se das situações para ganhar o mérito do trabalho realizado por outros.

- Aproxima-se das pessoas apenas para usá-las, descartando-as depois.

- Em casos de erros, ele sempre dá um jeito de achar um culpado, que não seja ele, é claro.

- Tende a ser mentiroso e deixa um rastro de mal entendidos e intrigas atrás de si.

- Falhar com a ética é uma tendência fácil para esse perfil que usa as pessoas e a própria empresa como objetos para alcançar seus objetivos pessoais.

Se você tem um amigo assim: Os comportamentos desse perfil podem ser motivados ou por insegurança, ou por falha de caráter. A pessoa pode fazer uso de seu poder de sedução porque aprendeu a se comportar assim e o faz de forma inconsciente para conseguir o que deseja. Caso pior é o da pessoa que utiliza tais comportamentos de forma consciente com o objetivo de tirar vantagem - esse segundo caso é o pior porque demonstra uma falha de caráter, e aí é muito difícil de lidar. Nesse caso, você deve trabalhar com fatos e não suposições. Anote os comportamentos de seu colega, busque testemunhas, muna-se de provas e peça ajuda a seus superiores.

Se você possui esse perfil: Deve aprender uma das leis básicas do universo: "dai e recebereis" – tudo o que você planta, você colhe. Deixar um rastro de más relações, de destruição, de prejuízos materiais e emocionais por onde você passa, não é nada positivo. Aprenda que não é necessário destruir nada e ninguém para crescer. Não permita que sua ganância cave sua futura cova. Confie em você, em seus talentos e cresça baseado em suas virtudes, aprenda a deixar boas recordações por onde você passa.

COMO LIDAR COM A FALSIDADE NO TRABALHO

No mundo competitivo é comum vermos pessoas que não medem esforços para conquistar o que desejam, mesmo que isso custe causar prejuízos aos próprios colegas de trabalho.

Quem não conhece aquela pessoa que se mostra simpática demais, sorridente demais, solícita demais, gentil demais, amigável demais, mas um dia você descobre que, pelas costas, ela fala mal do seu trabalho e o "queima" com seu chefe. Como conviver com esse tipo de pessoa e continuar entregando um bom trabalho? Veja as dicas de como lidar com pessoas falsas no ambiente de trabalho:

- Tenha consciência de que você não tem o poder de mudar o comportamento nem as atitudes de outras pessoas, mas pode mudar a forma como você reage a elas.

- Neutralize a situação e proteja-se, transmitindo à pessoa em questão apenas informações essenciais de trabalho. Seja breve e objetivo(a) na conversa e evite falar sobre assuntos pessoais ou fazer comentários que possam ser usados contra você.

- Se houver algum mal entendido ou fofoca, chame a pessoa para conversar a sós, num local e momento apropriado para esclarecer o ocorrido. Evite fazer alardes.

- Evite demonstrar irritabilidade dando indiretas, ou fazendo comentários sobre sua raiva de ter que conviver com pessoas assim. Comportamentos como esses apenas o desmoralizam dando a impressão de que você é o "descontrolado" da história.

- Não pague na mesma moeda. Lembre-se de que o "falso" é o outro e não você. Tentar ser falso também dispensa muita energia que poderia ser empregada no seu trabalho.

- Foque no resultado do seu trabalho e faça o melhor possível. Você deixa sua marca no mundo através do resultado do seu trabalho. E contra fatos não há argumentos.

Apesar de difíceis de lidar, as pessoas "falsas" nos ensinam que não vale a pena abrirmos mão da nossa verdade, da nossa autenticidade, dos nossos valores morais e éticos. Essas pessoas também nos mostram que não vale a pena crescer profissionalmente deixando um rastro de destruição por onde passamos. Sucesso profissional não envolve apenas ter bons cargos e dinheiro, mas principalmente, sermos reconhecidos e lembrados pelas pessoas que passaram por nossas vidas pelos bons exemplos que deixamos.

POR TRÁS DA ARROGÂNCIA

A arrogância vem do orgulho exacerbado, e é observada por meio da altivez no trato com as pessoas. Normalmente o olhar e o tom de voz denunciam a arrogância. Já o prepotente é aquele que se utiliza do poder para se sobressair ou para fazer valer a sua vontade.

Mas tanto a arrogância quanto a prepotência podem ter a mesma origem: baixa autoestima. A autoestima é formada pela autoconsciência (conhecimento de si mesmo), autoconfiança, autorrespeito e amor próprio. É inerente a todos nós, seres humanos, o desejo de nos tornarmos pessoas melhores. Por essa razão, tendemos a criar uma imagem idealizada de nós mesmos. Sendo assim, trabalhamos com um eu real (o que realmente somos) e também com essa imagem idealizada de nós mesmo (o que gostaríamos de ser). A imagem idealizada guia nossas escolhas, nos inspira a sermos melhores, e quanto maior for a coerência entre o eu real e a imagem desejada, maior será a confiança em nós mesmos e também maior será nossa autoestima.

A pessoa orgulhosa demais acaba se apegando na imagem que ela "gostaria de ser" e não na que "realmente é". Talvez porque o que ela realmente é seja algo ruim para ela. Talvez algumas experiências passadas tenham deixado marcas negativas em sua autoestima, de modo que ela duvida de si mesma, de seu potencial, de sua inteligência, de sua beleza, etc. A baixa autoestima causa sentimentos de menos-valia, rejeição, tristeza e angústia, e como é muito ruim lidar com tudo isso, por uma defesa psíquica inconsciente, a pessoa se apega à imagem que ela gostaria de ser - alguém melhor, mais sábio, mais inteligente, etc. A arrogância afasta as pessoas, mas para quem tem baixa autoestima, esse distanciamento é considerado positivo porque traz a ilusão de que, à distância, as pessoas não verão o que ela tanto esconde: ela mesma.

O medo explica a forma rude com que, muitas vezes, o arrogante trata as pessoas. O arrogante só está tentando se defender das próprias fantasias inconscientes e, em muitos casos, a melhor defesa é o ataque. Ao atacar, ele só quer se certificar de que as pessoas realmente se manterão à distância, evitando assim o desmascaramento.

Não é à toa que a arrogância vem acompanhada da prepotência, porque o inseguro precisa muito se proteger. Aliás, ele passa a maior parte do tempo pensando em como proteger a imagem criada, a manter as pessoas à distância de forma a não ser desmascarado, e confirmar seu poder obrigando as pessoas a fazer as suas vontades. O poder, nesses casos, é um grande aliado. E, num momento de defesa, "por que não usar o poder?" — pergunta-se o arrogante temeroso.

A dificuldade de lidar com o arrogante ocorre porque ele atinge o nosso próprio orgulho. Sim, só se sente ofendido quem também é orgulhoso, e o orgulhoso é mais propenso ao sentimento de orgulho ferido, é mais melindrado, fica mais chateado, e com mais raiva, etc, do que aquele que possui autoestima mais equilibrada.

Dicas para lidar com pessoas arrogantes no trabalho:

- Mostre que você está lá para ajudá-lo e não para competir;

- Conquiste a confiança e dê feedbacks sempre que possível e lembre-se de que feedback deve ser dado da seguinte forma: Primeiro coloque os pontos positivos e, depois, os pontos que precisam ser melhorados. Informe, baseado em fatos observáveis, o comportamento que a pessoa teve e as consequências do mesmo. Por exemplo, *"o fato de ter chamado a nossa equipe de incompetente durante a reunião gerou insatisfação geral, e isso teve um impacto negativo no nosso rendimento"*.

- Observe a si mesmo e suas reações. Se você se sente ofendido com frequência, perceba se você também não está sendo vítima de seu próprio orgulho. A pessoa com autoestima não se ofende com facilidade porque reconhece seu próprio valor e não toma agressões como sendo pessoais.

Dicas para não cair na armadilha da arrogância:

- Desenvolva a autoconsciência: Quanto mais a pessoa se conhece, melhor é o ajuste entre a "imagem que gostaria de ser" e "o que você realmente é".

- Desenvolva a autoconfiança: A confiança em si mesmo é desenvolvida pela coerência entre o que se pensa e fala sobre si mesmo e o que realmente se faz. Por exemplo, se ser uma pessoa determinada é algo positivo, você deve conseguir enxergar no dia-a-dia comportamentos que mostrem que você realmente é uma pessoa determinada.

168   Pílulas Mágicas para Superar

- Desenvolva o autorrespeito: Conhecer as limitações é importante para saber até onde você aguenta determinada situação e se resguardar de um desgaste maior. Também é importante valorizar e respeitar aspectos positivos de si mesmo.

- Ame a si mesmo: Quem não tem amor por si mesmo, dificilmente terá amor pelo outro. Quem cobra muito de si, cobrará muito do outro. Aprenda a perdoar a si mesmo, pois assim será mais fácil tolerar e perdoar as dificuldades alheias e colocar-se ao lado das pessoas como parceiro que as farão crescer e não alguém que simplesmente aponta os defeitos sem fazer absolutamente nada para ajudar.

COMO LIDAR COM O CLIENTE INSATISFEITO

Nem tudo são flores quando se trata do relacionamento com o cliente. Sempre haverá o risco de lidar com algum cliente insatisfeito e nervoso. Por mais temido que isso seja, a reclamação não pode ser vista como negativa. Se um cliente se dá ao trabalho de reclamar é por que espera solucionar a questão, melhorar o atendimento, e continuar a ser cliente do estabelecimento. É uma tentativa de reestabelecer a confiança. Se ele for bem atendido, é muito provável que continue sendo cliente.

Entretanto, muitas dúvidas surgem nesse momento e qualquer erro pode piorar a situação. Veja algumas dicas para lidar com essas situações:

▌OUÇA: Clientes insatisfeitos querem ser ouvidos. Portanto, leve-o a sério, olhe-o nos olhos, não ria, não rebata e ouça sem interrompê-lo. Isso já o acalmará. É preciso descarregar a sua raiva e insatisfação, pois só assim ele ajudará no restante do processo.

▌CRIE EMPATIA: Enquanto o cliente fala, mostre entender o porquê de ele estar nervoso. Use expressões como "entendo como se sente, senhor", "compreendo, senhor", etc.

▌MANTENHA A CALMA: Algumas pessoas podem nos tirar do sério. Um cliente pode ser agressivo com as palavras e despertar a sua raiva. Nestes casos, fique calmo para sua parte racional trabalhar. Respire fundo e lembre-se de que a raiva é do cliente e não sua. Não deixe o emocional tomar conta, pois assim você pode fazer parte do problema e não da solução.

▌RECAPITULE: Repita os pontos principais da reclamação para garantir ao cliente que você entendeu toda a questão.

▌PEÇA DESCULPAS: Os clientes esperam o reconhecimento do erro. Diga que sente muito pelo transtorno e prometa que aquilo não se repetirá.

▌AJA IMEDIATAMENTE: O cliente não quer esperar uma semana por um posicionamento. Mesmo que você saiba que o problema não pode ser resolvido imediatamente, aja naquele momento, ligando para alguém, ou iniciando o processo de resolução. Mantenha-o informado. Isso mostrará que você está fazendo algo para solucionar o problema.

▌DIGA O QUE PODE SER FEITO: Evite dizer o que 'não pode ser feito'. Se o cliente for insistente, seja firme e repita o que você pode fazer por ele.

Pílulas Mágicas para Refletir

> **Temas que fazem crescer através da reflexão a respeito do mercado de trabalho futuro, relações pessoais x trabalho, e outras questões sociais que geram impacto no ambiente de trabalho.**

O EMPREGO DO FUTURO

Se você acha que as mudanças estão acontecendo rápido demais, prepare-se porque a tendência é piorar. Esse é o ponto de vista de João Zuffo, autor do livro "A sociedade e a economia do novo milênio". Para ele, o avanço da tecnologia e a velocidade da informação, causarão ainda mais mudanças principalmente no âmbito do trabalho. Essa visão é compartilhada com o sociólogo Manuel Castells, autor do livro "Sociedade em rede". Ambos os autores apontam para mudanças drásticas nas características do trabalho. Veja aqui os oito principais pontos da mudança:

- **Declínio do emprego assalariado:** Haverá um aumento do trabalho autônomo, que será organizado por meio de cooperativas de trabalho. Isso significa que o emprego estável como conhecemos será cada vez mais raro e veremos os trabalhos tipo "empreitada" tomarem cada vez mais espaço. Isso porque as células de trabalho são muito mais rápidas para o desenvolvimento de projetos do que grandes estruturas. Também exigirá do trabalhador que ele mostre constantemente seu valor à empresa contratante, já que o futuro também prevê altos índices de desemprego.

- **Horários de trabalho flexíveis:** Assim como já começa a ocorrer na Europa, existe a tendência da diminuição da carga horária de trabalho, e a ênfase no trabalho por metas.

- **Declínio da liderança centralizada:** Trabalhos voltados para metas exigirão equipes flexíveis, que podem se renovar a cada projeto. E, com isso, a necessidade de lideranças situacionais que mudam a cada projeto.

- **Ênfase nas empresas desprovidas de cargo:** A velocidade de resposta das empresas para as necessidades dos clientes se tornará um diferencial, portanto, toda burocracia deverá ser eliminada.

- **Ênfase no teletrabalho e escritório móvel:** Veremos um número cada vez maior de funcionários que atuam fora do local de trabalho, em casa, em trânsito, no espaço do próprio cliente, etc.

- **Valorização da criatividade:** Para atender clientes cada vez mais exigentes, com produtos personalizados, a criatividade entrará como um fator que será muito valorizado pelas empresas. Criatividade junto a arte, ciência e tecnologia serão a onda do futuro.

- **Ênfase na educação continuada:** Como o grande diferencial dos trabalhadores será a capacidade de processar uma quantidade imensa de informações, o conhecimento será a chave para o sucesso. Os currículos escolares serão mais flexíveis e cursos e recursos online serão muito utilizados, diversificados e personalizados. O estudo contínuo e o autodesenvolvimento serão absolutamente necessários para o sucesso profissional.

- **Mais tempo para o ócio:** A redução da carga horária de trabalho, o formato de trabalho por empreitadas, o teletrabalho, trarão mais tempo livre para as pessoas e o consequente crescimento das áreas de entretenimento, cuidados com a própria saúde e busca espiritual.

Como podemos perceber, para acompanhar esse novo cenário de trabalho, novos comportamentos serão exigidos. Veja os comportamentos imprescindíveis para ter sucesso no mercado de trabalho do futuro:

EMPREENDEDORISMO: A diminuição dos empregos formais, o aumento dos trabalhos autônomos e o aumento do desemprego farão com que o trabalhador tenha que assumir a postura de empreendedor, como se ele fosse o dono do próprio negócio, apresentando comportamentos empreendedores, a saber: buscar oportunidades, mostrar o seu valor antes mesmo de ser contratado, ser capaz de solucionar problemas, assumir responsabilidades, mostrar iniciativa, etc.;

COMUNICAÇÃO: Bom domínio não só da língua portuguesa, como também de um segundo e terceiro idiomas. Além disso, o domínio dos elementos que compõem a comunicação se tornará essencial (tom de voz, expressão facial e corporal, utilização de recursos, dar e receber feedbacks, comunicação escrita, etc);

TRABALHO EM EQUIPE: O aumento da complexidade da tecnologia e quantidade de informações tornará impossível um trabalho ser executado sozinho. Por isso, a tendência é que se juntem, em equipes, pessoas com conhecimento especializado em diversas áreas. Será imprescindível saber fazer parte de equipes de trabalho. Portanto, negociar, mostrar iniciativa, pedir e oferecer ajuda, compartilhar, comprometer-se, etc, serão posturas e comportamentos valiosos que garantirão o sucesso do trabalho;

CRIATIVIDADE: "Sair da caixinha" – é isso o que os clientes exigirão cada vez mais. A queda das fronteiras, possibilitada pela ligação das redes de internet, nos trouxe a consciência do quão pequenos somos nesse mundo. Essa sensação de pequenez trará a necessidade de diferenciação e, com ela, a busca de produtos cada vez mais personalizados.

ESTUDO CONSTANTE: A fabricação de informação em todas as áreas é crescente. A capacidade de assimilar, processar e transformar tais informações são habilidades fundamentais para o trabalhador do futuro. Isso exigirá um esforço constante para manter-se informado e reciclar conhecimento, portanto, o autodidatismo estará em foco.

ADAPTABILIDADE: A flexibilidade e a capacidade de adaptação às novidades que surgirão tanto nas questões relacionadas à tecnologia como eventualidades do trabalho serão diferenciais para os profissionais que desejem se destacar.

QUAL É O MELHOR TIPO DE EMPRESA PARA SE TRABALHAR?

Reclamamos tanto dos salários que a impressão que temos é que o salário seja o principal retentor de talentos nas organizações. Puro engano! Pesquisas demonstram que os trabalhadores têm buscado muito mais que apenas salários.

Num primeiro momento, o salário pode sim ser o principal atrativo, entretanto está longe de ser o maior retentor de talentos em uma organização; além disso, o dinheiro está incluso na categoria dos mais baixos fatores de motivação.

Lembramos que motivação é a energia empregada na realização de projetos, tem a ver com o estado de espírito parecido com felicidade, alegria e que forma uma base psicológica importante para a criatividade, inovação, e comportamentos como iniciativa, proatividade, entre outros. Em oposição à motivação, estão os estados de desânimo, angústia, ou seja, sentimentos mais negativos que levam a mais erros por falta de atenção, maior lentidão de raciocínio, etc.

Uma pessoa pode até ganhar um bom salário, mas se não estiver motivada, dificilmente entregará um bom resultado e logo buscará outras oportunidades no mercado. Não quero dizer com isso que dinheiro não seja importante. Longe disso! Dinheiro é necessário para a nossa sobrevivência. Entretanto, o ser humano está longe de querer simplesmente sobreviver. Ele deseja mais! E as empresas estão se dando conta disso.

Em 2012, a Revista Você S/A fez um levantamento com 136.381 funcionários de empresa, com o objetivo de saber qual seria o melhor ambiente para se trabalhar. Mais da metade dos funcionários afirmaram que um excelente lugar para se trabalhar é onde eles sentissem satisfação e motivação pelo trabalho.

Nesse ponto é importante diferenciar "satisfação" de "motivação". Sendo que a satisfação está ligada a recursos físicos como bom ambiente de trabalho, boa mesa, boa iluminação, etc. E motivação é a sensação interna de energia, comprometimento e vontade de se superar. Ter uma razão maior para trabalhar é o segredo da automotivação para o trabalho. E isso explica por que ONGs e Escolas de Samba estão lotadas de pessoas que trabalham de graça, ou até colocam dinheiro do bolso para trabalhar, e estão sempre felizes e comprometidas com o trabalho.

E é aí que entra a importância do líder. Além da condução dos processos da empresa rumo a um objetivo comum, faz parte da responsabilidade do líder inspirar e desenvolver a equipe. E quando digo inspirar, quero dizer criar um propósito para o trabalho, ou seja, ajudar a equipe a se automotivar.

Pessoas motivadas são mais felizes porque conhecem o propósito do seu trabalho. Conhecem seu papel na organização e sentem orgulho dos resultados de seus trabalhos. Essa sensação de realização traz o sentimento de felicidade e comprometimento, e com ela ganhamos maior atenção aos detalhes, maior responsabilidade nas tomadas de decisões, maior proatividade, etc. Um funcionário que é tratado apenas como um número, que não compreende seu papel na organização, que trabalha apenas pela necessidade de sobreviver, e não vê sentido nenhum em seu trabalho, não terá motivo para se empenhar. E pessoas desmotivadas, tristes, demonstram baixa energia, baixo comprometimento, mostram-se passivas (realizando apenas o que lhe pedem), tendem a compensar a tristeza comendo doces, fumando, consumindo álcool ou drogas, o que trará ainda mais problemas relacionados à produtividade. Além disso, estão mais expostas ao cortisol (hormônio do estresse), que rebaixa a imunidade, dando brechas para doenças físicas e psicológicas.

Podemos perceber que as empresas estão, sim, mais atentas aos processos internos/psicológicos dos funcionários, e estão começando a entender que Programas de qualidade de vida no trabalho já não são mais considerados gastos e sim investimento.

O interesse nos estudos de QVT surgiu em meio a um cenário de grande competitividade, onde a pressão para atingir metas elevadas fez com que aumentassem os problemas relacionados à saúde física e mental dos funcionários, obrigando-os a se afastar do trabalho por muito tempo ou até a se aposentar compulsoriamente.

Percebeu-se que o estado emocional era um assunto importante e merecia atenção, e isso também estaria ligado aos lucros e produtividade da organização. Dessa forma, o bem-estar dos funcionários passou a ocupar espaço nas estratégias das empresas que começaram a adotar medidores como Clima Organizacional, investimento em programas de treinamento e desenvolvimento, e não apenas treinamento técnico, mas também com foco comportamental, de forma que os funcionários também tivessem a possibilidade de desenvolver habilidades como comunicação, feedback, autoconhecimento, etc., fatores essenciais para o desenvolvimento da automotivação.

É possível concluir que a empresa boa é a empresa que sabe cobrar um bom resultado do funcionário, mas também faz a sua parte, oferecendo meios para que o desenvolvimento do funcionário possa acontecer. Não importa se a empresa é de grande ou pequeno porte, é sempre possível investir no crescimento das pessoas tanto do ponto de vista técnico como comportamental.

O PERIGO DAS METAS INATINGÍVEIS

Muitas empresas cometem o grande erro de entrar na onda do desespero quando se veem em meio a um cenário onde são obrigadas a cortar custos, demitir funcionários e aumentar o faturamento. Na tentativa de reagir de forma agressiva, acabam instituindo metas inatingíveis, acreditando que quanto mais altas forem as metas, maior será o esforço do funcionário. Entretanto, essa forma de pensar pode esconder muitas armadilhas. Veja algumas delas:

Desmotivação da equipe: Frustração é o sentimento que surge quando a equipe se vê diante de metas impossíveis de serem alcançadas. Junto com a frustração, vem o sentimento de raiva e revolta pelo sentimento de injustiça, aliadas ao medo de ser demitido. Tais sentimentos minam a confiança entre a equipe e empresa, gerando conflitos e um clima de muita resistência.

Aumento do absenteísmo: Longas e estressantes jornadas de trabalho, aliadas a pressão pelos resultados, apenas criam condições favoráveis para os quadros de estresse. A sensação de que o trabalho árduo não levará a nada leva os funcionários a um esgotamento físico e psicológico que, em alguns casos, são compensados com o consumo de álcool e drogas. Quadros de estresse também aumentam o afastamento por doenças psíquicas ou físicas.

Riscos de fraudes: A pressão por apresentar resultados positivos e o medo da demissão ou perdas de benefícios abre portas para as fraudes e relatórios "maquiados". Não é raro ver funcionários pedindo para clientes ajudá-los a alcançar metas. Esse tipo de ação queima a imagem da empresa, pois mostra o distanciamento entre líderes e funcionários e denuncia o sistema autoritário em que a empresa trabalha.

Problemas legais: Pressionar funcionários a trabalhar em busca de metas inatingíveis pode gerar impacto negativo na autoestima do funcionário, abalando-o psicologicamente. Alguns tribunais trabalhistas entendem essa prática como sendo assédio moral e a empresa pode responder legalmente por esse crime.

Para não cair nessa armadilha, as empresas devem atentar para:

▌Oferecer boas condições de trabalho: Sistemas que não funcionam, ambiente de trabalho desorganizado, falta de regras claras, falta de ferramentas para trabalhar, entre outros, são erros comuns e que devem ser levados em consideração pela empresa ao estipular metas. Caso contrário, cria-se um impasse. Às vezes, o funcionário até tem boa vontade, mas se o sistema de computador, por exemplo, está sempre em manutenção, o funcionário não tem como entregar o resultado dentro do tempo estipulado. É importante checar os dois lados, a meta estabelecida e as condições para a realização e entrega do trabalho dentro do período estimado.

▌Entender as metas como meios e não fins: A empresa nunca deve esquecer que o objetivo maior é que ela cumpra a sua missão, que é a de servir o cliente contribuindo para uma sociedade melhor. As metas são meios para alcançar os objetivos finais, e o preço a se pagar por elas nunca deve comprometer a qualidade dos serviços, a confiança e o bem-estar da organização. A afirmação "os fins justificam os meios" não cabe em uma instituição séria. Os meios importam sim! Não é possível alcançar o sucesso prejudicando quem quer que seja, ainda mais quem faz parte da equipe. Isso não significa mimar funcionários ou estabelecer metas com muita folga, pois sabemos que isso também não funciona. Mas saber estimular observando os limites dos funcionários, isso é uma verdadeira arte!

▌Criar metas baseadas em critérios: Trabalhar com metas é saudável porque faz com que a empresa e os funcionários cresçam dentro de um tempo determinado, incentivando a criatividade, a inovação, a proatividade, etc. O problema está nos exageros - metas altas demais ou baixas demais. Para ajustar o "ponto bom" é necessário que a empresa tome decisões baseados em seu histórico, nas perspectivas do mercado, ou em outros indicadores. Dados objetivos comprovam o que já foi feito, relembram antigas vitórias, trabalham com base em dados reais, aumentam a confiança e inspiram para um crescimento futuro e possível.

❚ Manter a comunicação aberta: Conflitos são minimizados quando os funcionários sentem que também fizeram parte das decisões. Manter a via de comunicação aberta para ajustar as metas e melhorar os processos ajuda a empresa e os funcionários a criarem um clima bom para o comprometimento e minimizarem os problemas. Caso a empresa não tenha uma Cultura de comunicação aberta, é necessário criar canais de comunicação para que as pessoas possam sugerir ideias e melhorias como, por exemplo, o uso de caixinha de sugestões anônimas, ou coisas parecidas. É importante que o funcionário sinta que será ouvido quando tiver algum problema. Mesmo que a empresa não possa acolher a sugestão no momento, só o fato de o funcionário poder desabafar, ou dizer alguma coisa, já ajuda a eliminar as fofocas e o rádio peão, que tanto chateiam as empresas.

DEZ COMPORTAMENTOS QUE PREJUDICAM A CARREIRA

Reputação é o conceito, ou julgamento, que as pessoas têm sobre você. Ter uma imagem positiva no trabalho é importante para seu sucesso profissional. Isso porque de 70 a 80% das recolocações no mercado são feitas por indicação. Uma boa reputação é construída por comportamentos que passam credibilidade às pessoas que estão à sua volta. Entretanto, algumas pessoas, sem perceber, mantêm comportamentos sabotadores que podem prejudicar suas carreiras. Veja quais são:

▌ RECLAMAR DEMAIS: Não há coisa mais desagradável do que conviver com pessoas pessimistas demais. Reclamar demais demonstra falta de preparo, medo e insegurança para enfrentar os desafios da vida, assim como pouca capacidade de adaptação, fatores que são essenciais nos dias atuais. Observe quais assuntos você costuma conversar durante o dia. Evite falar sobre seus problemas, chateações, etc, e aproveite a companhia das pessoas para falar sobre assuntos que possam ser interessantes para você e o façam aprender.

▌ NÃO TER INICIATIVA: A boa reputação é formada por comportamentos observáveis e não por intenções. Portanto, de nada adianta ter boas intenções para ajudar os colegas de trabalho, contribuir com novas ideias, mas simplesmente ficar parado. Mostre resultados oferecendo ajuda, dando sugestões de melhoria, antecipando-se e solucionando problemas. Pergunte, pesquise, seja curioso, faça o que a maioria das pessoas não se dispõe a fazer. Não tenha medo de aparecer.

▌ FAZER FOFOCAS: Falar mal dos colegas, do chefe e da empresa é um hábito muito negativo para a sua reputação. Isso porque pessoas que falam "pelas costas" são tidas como falsas, portanto, não confiáveis - qualidade totalmente oposta ao da boa reputação, que demonstra clareza, transparência, honestidade e confiança.

❚ SER DESLIGADO DEMAIS: Algumas pessoas ficam conhecidas como "avoadas", "viajantes", etc, porque nunca sabem do que tratam as pautas das reuniões, estão sempre por fora dos processos da empresa e cometem erros. Interesse-se pela empresa, pergunte, e tente pelo menos estar a par dos acontecimentos da empresa. Isso demonstra interesse e comprometimento.

❚ SER DESCUIDADO DEMAIS CONSIGO MESMO: Essas pessoas são muito parecidas com o tipo "avoadas", mas o são consigo mesmas, descuidam da saúde, da aparência, da vestimenta, tornando-se "desleixadas". É importante saber que a primeira impressão é formada nos três primeiros segundos iniciais do contato e, em algumas situações, não temos chances para construir uma segunda impressão. Também vale lembrar que pessoas que possuem hábitos alimentares e de saúde não saudáveis tendem a faltar mais por problemas de saúde.

❚ NÃO SE RELACIONAR: Algumas pessoas acreditam que o sucesso profissional está respaldado unicamente nos resultados do seu trabalho. Puro engano! Segundo Goleman, autor do livro Inteligência Emocional, a inteligência pura, ou QI, determina apenas 20% do sucesso na vida. Fatores determinantes para o sucesso e liderança estão no domínio do QE, que incluem a capacidade de relacionar-se com outras pessoas, de controlar as emoções e saber lidar com as frustrações. Portanto, se deseja crescer profissionalmente, vale a pena se relacionar com pessoas de outros departamentos, frequentar happy hours, festas da empresa, etc. Cultivar um bom patrimônio social é um dos melhores investimentos que podemos fazer para nossa carreira.

❚ CONVERSAR DEMAIS: É preciso ter equilíbrio. Algumas pessoas gostam tanto de socializar que perdem o foco e deixam de ser produtivas. Pessoas que falam demais passam a imagem de ser pouco produtivas, com falta de foco. É importante saber conciliar os momentos de trabalho e os momentos com amigos. Nunca permita que um cafezinho no meio do expediente se estenda por tempo maior do que o necessário e atrapalhe sua produtividade. Lembre-se! Você está sendo observado(a) o tempo todo!

❚ CHEGAR ATRASADO: Atrasos demonstram falta de interesse, falta de capacidade de se organizar e planejar, e até mesmo falta de respeito para com outras pessoas. Pontualidade é importante para manter a boa imagem, pois demonstra organização, confiabilidade, interesse, respeito e comprometimento.

❚ ARROGÂNCIA: Autoconfiança, quando exagerada, pode soar arrogante. Arrogância é o orgulho exacerbado, e pode ser observado pela forma como a pessoa olha, fala e se comporta, passando a imagem de superioridade. O arrogante também tem muita dificuldade em aceitar ideias que não sejam suas e tem muita dificuldade em aprender e trabalhar em equipe. Portanto, tome muito cuidado com a forma como se comunica, olhe nos olhos, sorria sempre, evite deixar o grupo como se fosse sua plateia, inclua as pessoas nas conversas, trabalhe a humildade, sabendo que sempre se pode aprender com as outras pessoas, independentemente do cargo que ocupam.

❚ ESTAGNAÇÃO: Manter-se na zona de conforto pode ser uma tentação, entretanto, essa postura pesa muito contra uma boa reputação. Pessoas que não buscam modos de crescer, que não realizam cursos, que não leem e insistem em fazer apenas o que já sabem, passam a imagem de uma pessoa medrosa frente à vida, ou até mesmo de alguém preguiçoso, que não possui ambição nem força para vencer na vida.

CULPAS MATERNAS

Tudo bem, as mulheres chegaram ao mercado de trabalho, conquistaram seu espaço, porém isso não amenizou suas responsabilidades com relação aos afazeres domésticos e educação dos filhos. Ao contrário, para dar conta de tantos afazeres, muitas mulheres acabaram assumindo jornadas duplas ou até triplas de trabalho.

O sentimento de culpa é o grande vilão da história. Durante séculos as mulheres aprenderam que seu papel na sociedade era ser submissa, servindo o lar e o marido (provedor), procriando e, depois, cuidando da educação e saúde dos filhos. Ou seja, seu papel e importância ocorriam dentro da casa. Cabia apenas ao homem a projeção social.

O ingresso das mulheres no mercado de trabalho ocorreu por conta das I e II Guerras Mundiais. Os homens iam para as guerras e as mulheres assumiam os negócios da família. Subjetivamente, essa situação trazia consigo uma ideia de que era algo temporário e que logo tudo voltaria ao normal. Entretanto, não foi isso o que aconteceu. Muitos homens não voltaram da guerra, outros voltavam mutilados, outros com crises psiquiátricas, incapazes de conduzir os negócios. E a partir daí, as mulheres foram tomando cada vez mais espaço, até que sua presença assumiu grande importância a partir do século XXI.

Existe um grande paradoxo nessa questão do papel social da mulher como dona de casa e como trabalhadora. A mulher ainda hoje é vista como responsável pela educação das crianças. E é justamente através da educação que passamos ideologias e valores. Ainda hoje vejo muitas mães educarem suas filhas dizendo "trate de arrumar um homem bem rico para casar!". Ao aconselhar uma filha dessa forma, ela reforça a ideia de que as mulheres são incompetentes para fazer gestão financeira, por isso precisam de alguém que ganhe dinheiro e façam a gestão por elas. Conheço muitas mulheres que trabalham fora e que entregam todo o salário para o marido fazer a gestão. Isso significa que a própria mulher não se apropriou do seu direito de ir e vir e sentir-se bem com suas escolhas profissionais. Esse é o ponto principal. Essa incompatibilidade entre o que se pensa (ser profissional independente) e o que se faz (educar as filhas para serem dependentes e submissas) mostra que a questão ainda não foi bem resolvida com as próprias mulheres. Dessa forma, somos vítimas de nós mesmas.

Enquanto houver incoerência de valores dentro das mulheres, elas sofrerão ao executar os dois papéis. Por conta dessa culpa, a mulher acha que não conseguirá ser uma boa profissional se não for antes uma boa mãe. Como se não bastasse o conflito interno, as mulheres ainda hoje são vítimas de preconceito no trabalho. Elas perceberam que, para serem reconhecidas como competentes e inteligentes, precisam mostrar muito mais trabalho. Esse cenário faz com que as mulheres acabem assumindo uma carga de responsabilidade maior do que podem suportar. Tanto no ambiente doméstico como profissional, elas evitam pedir ajuda e delegar funções, porque acreditam que a responsabilidade é apenas delas.

O conflito interno também tem impacto negativo na educação dos filhos. As mulheres agem como se estivessem traindo o lar quando estão trabalhando. Sentem-se culpadas por não estarem 100% do tempo com os filhos, e quando trabalham em casa têm dificuldade para colocar limites para trabalhar. Ao sentir culpa, elas passam essa mensagem para os filhos, que logo farão chantagem com manhas ou quando quiserem alguma coisa.

O ideal é que ela deixe bem claro para a criança que o trabalho é necessário e importante para ela. Mostrar à criança os benefícios que o dinheiro adquirido por meio do trabalho traz (saúde, lazer, alimentos, etc). Dizer também quanto prazer o trabalho lhe dá e que ela se sente feliz e realizada com ele. Agradecer à criança por compreender essa felicidade e por ajudá-la a trabalhar. A mulher deve passar a valorizar a qualidade e não a quantidade de tempo juntos.

Para deixar a culpa de lado, a mulher deve aceitar suas escolhas e consequências. Se escolheu ser mãe e profissional, precisa assumir que não pode ser 100% mãe, nem 100% profissional, porque seu tempo é um só e está dividido nos dois papéis. Exigir o impossível de si mesma é desumano, gera estresse e não é nada prazeroso nem produtivo. Uma vez que ela aceita que fará o melhor que pode fazer e não além do que pode fazer, a culpa se ameniza.

Em segundo lugar, deve educar o parceiro e os filhos a ajudar na organização e manutenção do lar. Pois, assim como ela também é provedora da casa, é preciso que os outros ocupantes da casa também assumam responsabilidades. O marido também deve ser educado para cozinhar, organizar a casa e dar atenção às tarefas escolares dos filhos. Isso é positivo porque aproxima os pais dos filhos.

É importante educar as crianças desde pequenas a executar pequenas tarefas dentro de casa, como por exemplo: pedindo ajuda na hora de prender roupas no varal, ou para guardar seus próprios brinquedos. Depois evolua para atividades como cuidar de uma plantinha ou dar comida ou água a algum animal. Mostrar aos filhos a importância do que eles fazem e as consequências de suas ações: positivas – quando são feitas da melhor forma possível, e negativas – quando feitas de maneira incorreta ou quando não realizadas. Use a criatividade! Leve o máximo de ludicidade à atividade. Brinque que pregadores de roupa são bichos que mordem e seguram a roupa, ou que o cesto de roupas sujas são cestos de basquete. Isso ajuda a tornar a atividade mais interessante para as crianças.

Em terceiro lugar, as mulheres devem ter consciência de que são elas mesmas quem reproduzem os valores machistas. Não faça distinção entre meninos e meninas. Ensine suas filhas a ser independentes financeiramente e boas profissionais. Ensine seus filhos a cozinhar, lavar e passar roupa para que não busquem uma companheira apenas porque não sabem se virar sozinhos. Além disso, farão um grande favor às noras que, provavelmente, serão mulheres e mães que trabalham, portanto, precisarão desse suporte em casa.

Por fim, dê adeus ao perfeccionismo! É preciso ter muita paciência e disciplina para não ficar criticando o marido e os filhos o tempo todo ao pedir. Muita atenção para não "atropelar", por falta de paciência. Muitas mulheres acabam fazendo sozinhas o trabalho alegando que fazem mais rápido e melhor. Mas depois se queixam porque ninguém ajuda e que estão fisicamente esgotadas.

ELOGIOS QUE ATRAPALHAM

É muito comum ouvirmos pais elogiarem seus filhos dizendo "puxa, como você é inteligente filho(a)!", como forma de incentivo ao estudo. Esses pais partem do pressuposto de que se elogiarem constantemente seus filhos, aumentarão a autoestima e confiança dos mesmos e os estimularão a enfrentar novos desafios acadêmicos. No entanto, pesquisas realizadas nos EUA, descritas por BRONSON e MERRYMAN no livro "Os 10 erros mais comuns na Educação de Crianças" mostram justamente o contrário.

Veja a pesquisa conduzida por Carol Dweck e sua equipe, da Universidade de Columbia, com 400 estudantes do 5º ano, e composta por quatro fases:

Na primeira fase, os alunos foram retirados da sala um a um para a realização de um teste. Ao término do teste, os alunos foram separados aleatoriamente em dois grupos que receberam elogios diferentes: um grupo recebeu elogios relacionados à sua inteligência , ex: "como você é bom nisso!", e o outro grupo recebeu elogios pelo esforço empregado na tarefa: "você deve ter se esforçado bastante!".

Após essa primeira fase, os alunos foram convidados a realizar um segundo teste, mas dessa vez, os alunos poderiam escolher o tipo de teste que queriam realizar. Havia uma opção bem mais difícil que a primeira fase, mas os pesquisadores incentivavam os alunos dizendo que eles poderiam aprender muito ao tentar montar o quebra-cabeça. E o outro teste era muito similar ao primeiro já realizado. Dos alunos que receberam elogios relacionados ao seu esforço, 90% escolheram o desafio mais difícil, enquanto que a maioria que recebeu elogios relacionados à inteligência escolheu o desafio mais fácil.

Na terceira fase, os alunos já não podiam escolher, e foram submetidos a um teste muito mais difícil em que todos falharam. O grupo de alunos que receberam elogios na primeira fase relacionados ao seu esforço, concluíram que talvez não tivessem se empenhado o bastante no teste. Já o grupo que recebeu elogios relacionados à inteligência, concluíram que o fracasso apenas comprovava que eles não eram inteligentes.

Após induzir os alunos ao erro, os pesquisadores, na quarta fase, aplicaram uma última rodada de testes em todos os alunos, mas dessa vez, um teste tão fácil como o da primeira fase. Resultado: o grupo elogiado pelo esforço teve melhora de 30% em seu desempenho, enquanto o grupo elogiado pela inteligência teve queda de 20% referente ao primeiro teste realizado!

O experimento demonstra que enfatizar o esforço da criança dá a ela a sensação de que ela pode controlar o seu sucesso, e se falhar, basta se esforçar mais da próxima vez. Por outro lado, elogiar a inteligência retira o controle da criança - porque inteligência é uma variável que não se controla - e também não orienta como a criança pode reagir em caso de fracasso, gerando frustração. Outro raciocínio que a criança pode ter é *"se eu sou inteligente, então não preciso me esforçar"*, e ela entende que só devem se esforçar aqueles que não possuem atributos naturais como ela possui.

Elogios são importantes, mas para surtirem efeitos positivos, devem ser baseados na realidade. A partir dos 7 anos a criança já têm discernimento para julgar se um elogio é sincero ou não e quando percebem que os elogios não são sinceros, passam a desconsiderar todos os elogios, inclusive os sinceros.

Elogiar demais uma criança também pode fazer com que ela aprenda a fazer coisas apenas pelo elogio e não pelo prazer de fazer e aprender. Alguns estudos demonstraram que crianças elogiadas demais se tornam mais competitivas, podendo até mentir apenas para ganhar elogios.

Um estudo realizado pelo psicólogo Wulf–Uwe Meyer mostrou que crianças acima de 12 anos, por exemplo, não recebem bem elogios de professores, pois consideram que seus mestres acham que não têm capacidade suficiente, portanto, precisam de estímulo extra. Seu estudo constatou que os adolescentes ficam tão insensíveis aos elogios que preferem as críticas, uma vez que a crítica do professor, para eles, demonstra o quanto ainda tem potencial para desenvolver e o quanto o professor acredita neles.

Muitos pais também cometem o erro de tentar acobertar as experiências negativas, dificuldades escolares e fracassos dos filhos. Uma pesquisa realizada por Florrie Ng, da Universidade de Illinois, fez um comparativo entre mães americanas e mães chinesas.

As crianças foram convidadas, juntamente com as mães, para a realização de dois testes. No momento do primeiro teste, as mães aguardavam os filhos numa sala de espera. Entre um teste e outro, era permitido que as mães entrassem na sala do teste para falar com o filho. Ao entrar na sala, as mães eram informadas da nota do filho e mentiam dizendo que a nota estava abaixo da média. As mães tinham cinco minutos para falar com os filhos e câmeras gravaram a interação.

As mães americanas evitavam falar sobre os aspectos negativos do teste, às vezes desviavam o assunto para outras coisas, mantendo o otimismo. Já as mães chinesas mantinham o foco no teste e faziam comentários com o "você não prestou atenção ao responder", ou "vamos dar uma olhada no seu teste".

Após o intervalo, as crianças foram submetidas a um novo teste e as crianças chinesas tiveram um desempenho 33% melhor em relação ao primeiro teste, mais que o dobro da melhora do desempenho das crianças americanas.

Ensinar as crianças a enfrentar situações difíceis prepara-as para desafios futuros e ensina a perseverar. Pais erram quando fingem que não estão vendo os problemas enfrentados por seus filhos ou quando simplesmente tentam resolver por eles, achando que os estão protegendo do sofrimento. Os desafios devem ser encarados como oportunidades de crescimento. Ao manter-se firmes diante da dificuldade, o cérebro é ensinado a trabalhar para a solução e perseverar, e a criança aprende a postergar a necessidade da recompensa. Crianças que são recompensadas o tempo todo não desenvolvem perseverança, e desistem assim que recebem a recompensa.

Portanto, para você que é pai, mãe, educador, se deseja filhos saudáveis no futuro, ao fazer um elogio basta seguir essas três regrinhas básicas:

- **Honesto:** o elogio deve ser respaldado na realidade e nunca dado apenas para agradar.

- **Objetivo:** é preciso citar o que a pessoa fez de bom, que comportamentos ela executou e quais as consequências. Por exemplo, se a criança tirou uma boa nota na prova, deve dizer o quanto ela foi esforçada, o quanto estudou, o quão disciplinada foi, etc.

- **Construtivo:** o elogio sempre deve direcionar o comportamento futuro. Se por acaso a questão envolver alguma falha, ou um desafio muito grande, o elogio deve ajudar a criança a superar a situação negativa e/ou desafiadora, de forma a criar estratégias para a solução do mesmo. Deve dar dicas de como a pessoa deve agir para melhorar o rendimento futuro.

DIFERENCIAL FEMININO NO MERCADO DE TRABALHO

Por milhares de anos, homens e mulheres evoluíram em papéis muito distintos: homens caçavam e mulheres cuidavam da prole. Isso fez com que seus cérebros desenvolvessem habilidades distintas. O cuidado com o bem-estar das crianças, a responsabilidade pela educação e o zelo do lar, fizeram com que as mulheres desenvolvessem habilidades poderosas que, atualmente, podem ser consideradas grandes diferenciais no mercado de trabalho, principalmente quando o assunto é gestão de pessoas, atendimento e relacionamento com o cliente. Vejam algumas delas:

- **Mulheres percebem mais faixas de cores:** Enquanto homens enxergam cores no nível mais básico, como: vermelho, vermelho claro, vermelho escuro, por exemplo, as mulheres conseguem distinguir mais nuances, p. ex: vermelho Ferrari, vermelho ruivo, coral, acobreado, laranja, caramelo, etc. Isso porque os genes responsáveis pela detecção das cores encontram-se no cromossomo X, que existem em duplicidade nas mulheres. Além disso, por milhares de anos, as mulheres foram responsáveis pela colheita das plantações e faziam a tarefa muito melhor que os homens, pois conseguiam identificar rapidamente as mais maduras. No âmbito da moda ou atividades que exijam o trabalho com cores, esse pode ser um grande diferencial para as mulheres e seus clientes.

- **Mulheres escutam mais e melhor:** Elas distinguem mais nuances de som do que os homens, principalmente os agudos. Isso ocorre porque as mulheres, por serem responsáveis pelo bem-estar dos filhos, tinham que identificar o choro das crianças como sendo de: fome, sono, manha, cólica, etc. Aplicando essa habilidade no mercado de trabalho, as mulheres conseguem "ler nas entrelinhas" e identificar com rapidez mudanças de humor, intenções por detrás dos tons de voz, e tomar decisões levando em consideração o todo.

- **Inteligência e Emoção:** Mulheres integram melhor razão e emoção, realizando julgamentos que ponderam os aspectos objetivos e subjetivos da questão. Quando o assunto é gestão de pessoas, isso faz grande diferença. Ela pode ajudar com mais propriedade um cliente que está em dúvida a tomar uma decisão mais acertada num processo de venda, como também é mais sensível para identificar problemas reais na gestão de funcionários.

- **Mulheres possuem visão panorâmica:** Enquanto os homens possuem habilidade de focar uma meta e "apagar" o que está em volta, as mulheres conseguem fazer justamente o oposto, olham o todo de uma vez. Isso faz com que elas consigam perceber diversas coisas que ocorrem no ambiente num mesmo momento, assim como conseguem encontrar objetos mais rapidamente do que os homens, por exemplo, em um estoque de uma loja. Também conseguem perceber detalhes de uma roupa numa pessoa sem ao menos mexer a cabeça; essa habilidade pode ser útil no trabalho como vendedora de roupas, por exemplo, onde em uma rápida passada de olho, a mulher já identifica medidas, estilo, cores preferidas, etc, sem constranger o cliente.

- **Mulheres são multifuncionais e se comunicam melhor:** Isso porque as mulheres utilizam os dois lados dos hemisférios cerebrais ao se comunicarem, enquanto os homens utilizam apenas um. Essa habilidade das mulheres explica também o fato de elas conseguirem pensar e executar diversas tarefas diferentes ao mesmo tempo. Conseguem falar ao telefone enquanto organizam faturas, ao mesmo tempo em que delegam funções e estão atentas a tudo o que se passa ao redor. Ao se comunicarem, conseguem utilizar melhor as palavras, utilizando tons de voz adequados, habilidade muito valorizada quando o assunto é relacionamento com o cliente.

- **Mulheres são mais cooperativas e menos competitivas:** Isso porque o cérebro feminino está mais voltado para pessoas e relacionamentos, enquanto o masculino está voltado para objetos. Por essa razão, meninos gostam dos carrinhos e as meninas preferem as bonecas e chazinhos com amigas. Por milhares de anos dedicados à caça, os homens também desenvolveram um instinto competitivo muito forte. Para os homens, poder, dinheiro e bens materiais são importantes, e trabalham para isso. Para as mulheres, o mais importante é estar bem nos relacionamentos. Por essa razão, as mulheres tendem a ser mais colaborativas nos trabalhos em equipe.

- **Mulheres assumem erros com mais facilidade:** Isso ocorre justamente por serem menos competitivas. Assumir erros torna o processo de aprendizagem mais fácil, porque para aprender é preciso reconhecer que não se sabe. Já para os homens, assumir erros significa ter fracassado.

EXISTE IGUALDADE NO AMBIENTE DE TRABALHO?

Não há como negar que as mulheres chegaram para ficar no mercado de trabalho. Elas levam a sério seu trabalho e investem pesado para alavancar a carreira profissional. Dados do INEP (Instituto Nacional de Estudos e Pesquisas Educacionais) mostram que o nível de escolaridade feminina se mantém superior à masculina, desde a década de 90. Entretanto, tanto esforço e investimento, infelizmente, não se refletem em salários igualitários e chances iguais de crescimento profissional.

Consultorias especializadas em cargos e salários indicam que, no Brasil, as mulheres ainda ganham, em média, entre 15 e 25% menos que os homens. E, com relação à ocupação de cargos de gerência, os números deixam ainda mais a desejar para o universo feminino. Lobos, autor do livro "Amélia, Adeus" (2003) cita que, nas 500 maiores empresas do país, as mulheres ocupam apenas 4,1% dos altos cargos. E complementa: "Se nas empresas brasileiras a discriminação contra a mulher não existisse, hoje haveria exatamente 750 delas nas equipes gerenciais das 300 maiores corporações do país. No entanto, são apenas 63" (p. 81-82).

Diversos estudos organizacionais confirmam a existência do fenômeno denominado "Teto de Vidro", que seria uma espécie de "barreira invisível" que as mulheres enfrentam para ocupar cargos mais elevados na hierarquia organizacional. Com o passar do tempo, essas barreiras se tornaram mais sutis e difíceis de detectar. E é justamente por parecer que as barreiras desapareceram é que temos a falsa impressão de que as mulheres tenham se igualado aos homens nos altos escalões das empresas.

Diante da "barreira invisível" e da percepção de que crescer dentro da empresa em que estão trabalhando será algo muito difícil, porque historicamente ou culturalmente naquela empresa mulheres não circulam nos cargos estratégicos, muitas mulheres acabam optando por sair da empresa e abrir seus próprios negócios. Tal fenômeno é muito negativo para as empresas, porque impede que mulheres talentosas possam contribuir com todo o seu potencial para elas.

Atualmente, o "teto de vidro" se manifesta de maneiras muito sutis, dando a impressão de que ele não existe mais, dando a ideia de que as mulheres já conquistaram seu espaço e são aceitas naturalmente. Na verdade, tal crença torna o desafio de combater o preconceito algo muito mais difícil em todos os níveis.

Como resultado, se faz necessário um maior investimento psíquico por parte das mulheres na luta pelos mesmos cargos, principalmente quando entra em questão a conciliação com o espaço doméstico. Muitas vezes, a família e a maternidade colocam em xeque a carreira profissional da mulher, pois grande parte dos encargos domésticos permanece sob responsabilidade das mulheres. Sendo assim, a vida profissional concorre com a vida privada da mulher em seu papel de mãe e esposa. E tanto na percepção dos homens como na das mulheres, existe a expectativa de que a mulher abdique da vida profissional em prol do lar.

A mulher que abdica de sua vida profissional para cuidar da prole é bem vista, mas se o oposto acontece, ou seja, se a mulher opta em continuar trabalhando e o marido assume o lar, ambos são punidos. Os homens são taxados de preguiçosos, sem ambição e submissos, e as mulheres são taxadas de egoístas e ambiciosas demais. Isso tudo porque ainda estamos presos a modelos mentais antigos que precisam ser ajustados a essa nova realidade.

Gostaria de chamar a atenção para o parágrafo acima, pois nele é possível observar que os comportamentos, as percepções, os papéis sociais que desempenhamos em nossa sociedade, nada mais são que reflexos de crenças e valores socialmente compartilhados. A educação pressupõe a formação de valores, então, se pensamos da forma como pensamos é porque fomos educados assim. Partindo desse pressuposto, isso significa que toda essa dificuldade que as mulheres enfrentam no mundo dos negócios nada mais é que o reflexo da educação que nossos bisavós deram para os nossos avós, e esses últimos, para nossos pais.

Sendo assim, é fácil perceber que as mulheres executivas ainda sofrem com as amarras dos papéis sociais tradicionais. E sofrem com a falta de papéis de mulheres executivas de sucesso em que possam se espelhar. Ao adentrarem no mundo dos negócios, as mulheres acabam provocando mudanças profundas no nível dos papéis sociais, o que gera muita angústia não só para as próprias mulheres, mas também para os homens e filhos, que precisam aprender a lidar com essa outra imagem de mulher e se adaptar às novas responsabilidades que surgem em consequência disso. É difícil para os homens perder as mulheres submissas. É difícil para os filhos perder a mãe 100% disponível. Porém, o que se perde de um lado, se ganha de outro. Por outro lado, os filhos e maridos ganharão mulheres mais felizes, mais completas, mais femininas e mais humanas. O mundo organizacional também ganha com a presença feminina, pois suas habilidades trazem melhorias nas áreas de gestão de pessoas, estética de forma geral, melhorias na capacidade de comunicação e um olhar cooperativo tão necessário para o mundo corporativo.

É importante enfatizar que, nesse processo, as mulheres não são apenas vítimas de uma situação. Ao contrário, são coagentes, cocriadoras de uma realidade e formadoras de opinião. Se a responsabilidade maior pela educação ainda é da mulher, então, grande parte dos valores considerados machistas também foi e é disseminado por elas. Uma transformação mais rápida da sociedade depende diretamente dos valores e das atitudes compartilhados pelas próprias mulheres. E as perguntas que ficam são "Que valores estamos passando para nossos filhos?" e "Em que mundo gostaríamos que eles vivessem?".

MENTIRAS NO TRABALHO

Quem nunca contou uma mentirinha "inocente" para não ter que ir a uma festa de um amigo porque estava com preguiça? Ou já fez um falso elogio? Ou teve que dizer que adorou uma sobremesa feita com todo carinho por uma tia, quando na verdade detestou? A mentira é uma espécie de ferramenta usada socialmente para amenizar o impacto da realidade, nos proteger da vergonha, preservar o orgulho, e até mesmo para nos ajudar a sair de situações embaraçosas. Entretanto, mentir demais pode ser sinal de distúrbio psicológico e, no trabalho, pode até causar demissão por justa causa.

A mentira é um hábito aprendido desde a infância, e as crianças utilizam esse artifício principalmente em duas ocasiões importantes: 1) escapar das punições e 2) para conseguir algo que desejam. Sem perceber, os próprios pais ensinam e estimulam os filhos a mentir. Por exemplo, quando ensinam a criança a mentir dizendo que adorou um presente, quando na verdade, ela o detestou. Crianças aprendem com o exemplo da família, e se espelham nos comportamentos dos pais. Quanto mais os pais utilizam o artifício da mentira em seus contatos sociais, maior a tendência de as crianças mentirem.

O ideal é falarmos sempre a verdade. Entretanto, em algumas situações, para evitar conflitos, evitar magoar outras pessoas, é natural que, vez ou outra, façamos uso da mentira. Ainda assim, há pessoas que mentem mais que o normal, o que pode ser indicativo de problemas de baixa autoestima e sofrimento emocional. Dificuldades para aceitar a realidade, sentir-se muito inferior aos outros, necessidade de aceitação, entre outras coisas, podem fazer com que a pessoa invente mentiras para se sentir mais interessante ou importante, como forma de acalento e compensação pela baixa autoestima.

Existem pessoas que mentem para tirar vantagem de outras, como é o caso dos estelionatários, mas esse comportamento estaria muito mais ligado a um desvio de caráter do que ao perfil do mentiroso.

Também há os que mentem compulsivamente, de forma exagerada. Estes se enquadram na mitomania. Eles inventam as mentiras e creem nelas, vivendo como que em mundos paralelos entre suas invenções e o mundo real. Esses casos devem ser investigados e podem estar associados a outros transtornos psiquiátricos como, por exemplo, o TOC (Transtorno Obsessivo Compulsivo) - onde a pessoa sente uma compulsão por mentir - esquizofrenia, entre outros.

No âmbito do trabalho, a mentira pode ter consequências graves porque pode manchar a imagem profissional da pessoa. E resgatar a confiança e a boa reputação, com certeza, é uma tarefa muito mais difícil.

Na ânsia de serem aprovados para o cargo, alguns profissionais já começam a mentir pelo currículo. As mentiras podem atingir diversos itens, por exemplo, alterações nos dados pessoais como idade, estado civil, filhos, etc. Alterações das datas de entrada e saída das empresas, cargos, salários, domínio do idioma, cursos realizados, etc. Para se prevenir, as empresas checam as informações com as empresas anteriores, realizam testes de inglês, solicitam certificados dos cursos, etc. Uma vez detectada a mentira, o candidato é imediatamente excluído do processo.

As mentiras mais comuns com que as empresas se deparam no dia a dia são as relacionadas às faltas. As mentiras utilizadas normalmente são mortes na família e doenças. Isso porque muitas empresas não solicitam certidões por conta do abalo emocional do funcionário. Mas certas mentiras como, por exemplo, a falsificação de atestados e documentos, podem acarretar advertências, demissão por justa causa e até mesmo responder a uma ação criminal.

A forma mais madura de lidar com a vida é saber lidar com a realidade. A mentira é a negação da realidade. Aprender a utilizar formas mais saudáveis para lidar com os problemas do dia a dia sem fazer uso do recurso da mentira é um grande desafio, mas, em contrapartida, traz um aspecto bastante positivo, gera confiança.

A conduta correta, a coerência entre o que se pensa, fala e faz, dá à nossa consciência mais confiança e segurança em nós mesmos. A Confiança é construída dia após dia. Da mesma forma que perdemos a confiança em pessoas que falam uma coisa, mas fazem coisas totalmente contrárias ao que declaram, nós também perdemos confiança em nós mesmos quando somos vítimas de nossas próprias mentiras.

A conduta coerente também se estende aos demais que nos circundam, porque eles também observam se agimos ou não de forma coerente com nossos discursos. Portanto, o melhor investimento é sempre se respaldar na verdade.

O JEITINHO BRASILEIRO DE TRABALHAR

Mais de quinhentos anos se passaram e ainda sofremos os impactos das crenças geradas por nossa cultura nacional, baseada no colonialismo e escravidão. Tais crenças influenciam as políticas e práticas das organizações, porém nem sempre de forma positiva. Conhecer e compreender essas crenças é fundamental para a mudança positiva, desenvolvimento e amadurecimento das empresas.

Motta e Caldas (1997), em seu livro "Cultura Organizacional e Cultura Brasileira", descreveram cinco traços culturais existentes nas organizações e que foram herdadas da cultura nacional. Vamos conhecê-las:

▌**Hierarquia**: caracterizada pela tendência à centralização do poder; distanciamento da liderança; e passividade e aceitação por parte dos funcionários.

Imagine a situação: o pessoal do departamento, trabalhando com afinco, recebe a informação de que o sistema irá mudar. Todos blasfemam, reclamam e argumentam que o chefe não entende nada sobre os processos. De repente, o chefe chega. Todos ficam mudos. O chefe passa a informação e vai embora. Ao se certificarem de que o chefe realmente foi embora, todos os funcionários começam a reclamar novamente.

A situação demonstra o temor ao líder e o distanciamento da liderança. Esse traço reproduz a relação entre o 'Senhor de Engenho' e o 'Escravo', onde o "senhor" mandava e cabia ao "escravo" apenas obedecer, sem objeções ou questionamentos. Ainda hoje é possível observar uma dificuldade muito grande dos líderes em se aproximarem de suas equipes, ou quando o fazem tendem a exagerar, tornando-se "amigos demais". Por outro lado, também vemos um medo excessivo por parte dos liderados em expor e discutir com seus líderes questões com que não concordam. Frustrados, se conformam em desabafar suas insatisfações entre si, comportamento esse que, além de não resolver o problema, ainda gera fofocas.

▌**Personalismo**: caracterizado pela ênfase nas relações pessoais; busca de proximidade e afeto nas relações e paternalismo.

Quem não conhece alguém que foi promovido ou contratado por ser amigo do chefe, e não por sua competência? Ou já teve algum problema que foi rapidamente resolvido porque conhecia uma pessoa do departamento responsável? Ou já conseguiu algum desconto especial porque era amigo do dono da loja? Essas situações ilustram bem esse segundo traço cultural. No personalismo, fazemos uso dos afetos para tirarmos vantagem das posições ocupadas pelas pessoas que conhecemos e também nos proteger. É o chamado "fazer política".

Outro aspecto desse traço cultural é a tendência das pessoas levarem muito para o lado pessoal questões puramente profissionais. Gostar ou não gostar, ser amado e aceito no grupo tomam uma dimensão muito mais importante que os resultados apresentados.

❚ Flexibilidade: Caracterizada pelo formalismo, malandragem e adaptabilidade, criatividade e o 'jeitinho' brasileiro.

O formalismo e o 'jeitinho' caracterizam a discrepância entre as regras estipuladas e o comportamento real, ou seja, a tendência de burlarmos as regras. A adaptabilidade e a criatividade expressam a capacidade que temos em nos ajustarmos rapidamente às situações divergentes da que havia sido prevista.

Já a malandragem caracteriza o gosto por tirar vantagem das brechas existentes nas regras e leis. Por exemplo, é muito comum ver funcionários, que se acham espertos, fazer "corpo mole" enquanto outros trabalham. Por trás desse comportamento existe a crença de que o "trouxa" é quem trabalha, porque ganha o mesmo salário enquanto o "esperto" é o que finge que trabalha. Entretanto, esse tipo de pensamento é um "tiro no pé", pois não treina mente, corpo e disciplina para conquistar seus próprios sonhos.

❚ Sensualismo: Representada pelo gosto pelo sensual e pelo exótico nas relações sociais.

A sensualidade foi herdada do período escravocrata onde o mundo do trabalho e o mundo privado se misturavam, e a própria colonização trazia muita miscigenação entre as raças. Nas organizações esse traço não tem a ver especificamente com a questão sexual, e sim com a proximidade afetiva. Cumprimentar as pessoas do trabalho com abraços e beijinhos, a mistura entre relações de trabalho e relações pessoais observada nos happy hours, amizades que extrapolam o horário de trabalho, etc, são manifestações dessa dimensão cultural.

Essa mistura de relações tem seu lado positivo, que é dar a "cola" entre as pessoas. Quando as relações extrapolam o âmbito profissional e se estendem ao âmbito pessoal, automaticamente, há o aumento do comprometimento desses profissionais e uma espécie de camaradagem é formada, de modo que, em momentos de dificuldade profissional, o colega estará sempre disposto a ajudar, mesmo não trabalhando no mesmo departamento.

❚ Aventura: Caracterizada pela aversão ao trabalho manual ou metódico; e pela tendência em ser mais sonhador do que disciplinado.

Esse traço cultural aponta para a dificuldade que o brasileiro apresenta em seguir normas e regras organizacionais, inserindo o 'jeitinho' no dia--a-dia de trabalho como forma de poupar esforços e trabalho. Isso ocorre porque o trabalho é visto de forma pejorativa pelo brasileiro.

A aversão ao trabalho manual, operacional, é uma herança escravocrata onde quem mandava era o Senhor de Engenho, e quem trabalhava era o escravo. A própria palavra "trabalho" vem do latim "tripalium" que era uma estrutura formada por três paus que servia de tortura de escravos. Sendo assim, aprendemos a enxergar o trabalho como castigo, algo penoso e "coisa de escravo". Essa ideia ainda está tão enraizada em nosso inconsciente que até hoje se vê o desejo de "ser chefe", pois ser "chefe" simboliza um status diferenciado e também representa o "fazer nada", "aquele que manda", enquanto os "escravos" trabalham. Mesmo a nova geração, conhecida como geração Y, apresenta fortemente esse traço.

Esse jeito de pensar fica bem evidente na forma em que o brasileiro sonha com o final de semana, férias e aposentadoria. Prepara-se para fazer "nada". Trabalhamos para no final da vida "fazer nada". Não se trabalha por uma meta que valha a pena, aprendemos a trabalhar por castigo e não por uma realização pessoal.

Dessa forma, é fácil perceber por que os autores apontam a tendência do brasileiro a ser sonhador. O fato de evitar o trabalho a qualquer custo faz dele apenas um sonhador e não um executor. O brasileiro sonha, mas tem dificuldade em planejar, se organizar e trabalhar com afinco a fim de alcançar seus objetivos de forma disciplinada. Prefere contar com a sorte acreditando que algo bom, de repente, quem sabe, possa acontecer em sua vida.

Como vimos, ainda carregamos crenças e hábitos que não servem mais, principalmente num cenário econômico que exige de todos os trabalhadores mais afinco, perseverança, iniciativa e senso de responsabilidade, ou seja, devemos dar adeus à vitimização.

A parte positiva é que crenças podem ser modificadas. Para isso, é preciso incentivar novos hábitos e comportamentos. É dessa forma que formaremos novas crenças. As empresas podem mudar o cenário mental de seus funcionários criando uma cultura organizacional que promova o seu desenvolvimento pessoal e profissional. Seguem algumas sugestões:

- Criar programas de Treinamento e Desenvolvimento que desenvolvam habilidades comportamentais como iniciativa, técnicas de negociação, assertividade, feedback, trabalho em equipe, entre outros.

- Proximidade entre liderança e liderados: para que isso aconteça também é necessário preparar os líderes para essa nova cultura. Nesse novo paradigma o líder deve trabalhar como formador de seus liderados, como desenvolvedor de pessoas junto às estratégias da empresa. Líderes são como espelhos para seus liderados, eles devem servir de modelo de comportamento a ser seguido e devem inspirar seus liderados.

- Criar uma cultura organizacional que promova comportamentos como inovação, iniciativa, autodesenvolvimento, etc. Muitas empresas cometem o erro de apresentar um discurso totalmente desconectado da prática. Por exemplo, pregam que desejam comportamentos de inovação, e quando alguém apresenta alguma ideia diferente, essa pessoa é barrada, ou seu comportamento não é incentivado e nem valorizado.

Ao mesmo tempo que devemos compreender os pontos negativos desses comportamentos e trabalhar para melhorá-los, não podemos encarnar o famoso "Complexo de vira-latas", tão falado por Nelson Rodrigues e ainda presente nos dias de hoje.

Até porque, como vimos, há também pontos positivos na cultura brasileira, que não devem ser descartados, e se trabalhados da maneira correta, sem exageros e com equilíbrio, podem também contribuir para a formação não só de cidadãos e empresas melhores, mas também de uma cultura autêntica e eficiente, genuinamente brasileira.

É um trabalho de formiguinha. Mudar um país inteiro pode ser difícil, mas se focarmos nosso pequeno universo, nossas próprias empresas, talvez consigamos boas mudanças. Tirar as pessoas da visão limitadora da vitimização é a maior vitória que podemos conquistar!

EMOÇÕES E DESEMPENHO NO TRABALHO

Às vezes, em um único dia de trabalho, podemos sofrer o impacto de diversas emoções: raiva, medo, angústia, felicidade, ansiedade, tristeza, etc. Mas raramente paramos para refletir sobre como as emoções podem afetar a nossa saúde e o desempenho no trabalho.

Existe uma relação muito íntima entre pensamentos, emoções, corpo e comportamentos. Pensamentos geram emoções que carregam para o nosso corpo uma qualidade específica de energia que influenciará o funcionamento das nossas células de forma positiva ou negativa. Todo esse processo ocorre através das ações dos neurotransmissores e hormônios produzidos pelo nosso cérebro e corpo.

Desta forma, a tristeza reduzirá o nível de serotonina, o medo elevará a taxa de adrenalina, a raiva produzirá noradrenalina, ambos acelerarão os batimentos cardíacos preparando o corpo para luta ou fuga; situações estressantes estimularão o córtex da suprarrenal a produzir cortisol, que em excesso pode causar o aumento da pressão arterial, queda de imunidade, problemas cardíacos e gastrointestinais, diabetes, etc.

Por outro lado, estados de alegria aumentarão os níveis de dopamina, conhecida como "molécula da motivação", que nos trará uma sensação de autoconfiança, aumentará a capacidade de atenção e produtividade, assim como a capacidade de foco e concentração. Atualmente, vários estudos já relacionam os estados de felicidade com a longevidade e aumento da imunidade.

Isso não significa que as emoções consideradas "negativas" sejam inúteis, ao contrário, elas possuem funções importantes para a preservação da saúde física e psicológica. O problema é o desequilíbrio ou a tentativa de supressão a energia das emoções. Essa tentativa de "engolir" as emoções, fingindo que não existem ou, o descontrole delas, é o que gera o desequilíbrio, estresse e os sintomas das doenças.

Ser inteligente emocionalmente significa saber "ler" as emoções e saber lidar com elas da melhor maneira possível de acordo com cada situação que vivemos, e transformá-las quando possível.

As emoções são disparadas de acordo com a nossa forma de interpretar o mundo. Se você for ao cinema com um grupo de amigos e perguntar, ao final do filme, o que cada um achou do filme, provavelmente, terá respostas diferentes. As percepções são diferentes porque cada pessoa tem uma história diferente e nossas avaliações da realidade são influenciadas por nossa história de vida.

As emoções são desencadeadas de acordo com a avaliação que formamos da realidade. Se nossa avaliação for incorreta, ela poderá gerar uma emoção incorreta. Vejamos esse exemplo:

▌**Situação:** De repente, seu coordenador solicita com urgência diversos relatórios para você num prazo extremamente curto de tempo.

Sua avaliação pode ser positiva ou negativa:

▌**Avaliação positiva:** Você pensa "nossa, ele deve estar sendo muito pressionado pelo diretor da área, o 'bicho deve estar pegando' para o lado dele. Está tão estressado que nem percebeu que é impossível entregar o que me pediu em tão pouco tempo, mas verei com ele o que é prioritário e farei meu melhor possível para ajudá-lo." Consequência: essa avaliação positiva da situação fará com que você simpatize com seu chefe, mantenha seu foco no resultado e consiga encontrar uma solução plausível para o problema.

▌**Avaliação negativa:** Você pensa "ele deve me odiar! Deve tentar me humilhar jogando tanto trabalho em tão pouco tempo, só para me chamar de incompetente depois". Consequência: a avaliação negativa da situação gera frustração, pois faz com que você se sinta ofendido(a) pelos pedidos do chefe. A raiva gerada joga em seu corpo noradrenalina, colocando seu corpo e mente na defensiva e pronto para atacar. E você pensa "ah, se ele pensa que isso vai ficar assim, ele está muito enganado! Vou prejudicá-lo na primeira oportunidade que tiver!". Essa promessa de vingança se perpetuará em você, e a raiva despertada cada vez que você encontrar com seu coordenador, jogará em seu sistema a noradrenalina, preparando seu corpo e seus pensamentos para a agressão que poderá se manifestar por meio de indiretas e respostas atravessadas. Para justificar para si mesmo e para os seus amigos os seus comportamentos e desabafos, você voltará sua atenção para buscar sinais de que seu chefe realmente está contra você e, sem perceber, você está preso no ciclo vicioso da raiva, alimentando-a cada vez mais. Seu foco será o ataque ao seu chefe e não mais os resultados do seu trabalho.

❚ **A verdade:** Se você simplesmente perguntar para o seu coordenador a razão de tantos relatórios, ele pode responder que está tentando aprovar um projeto para o próximo ano e que precisa dos relatórios anteriores para demonstração na reunião e que, se for necessário, ele pode ajudá-lo.

Muitos sofrimentos emocionais são ocasionados pelos pensamentos gerados por interpretações errôneas que fazemos da realidade. Pessoas tímidas e com baixa autoestima tendem a interpretar as situações como se elas estivessem sendo observadas e julgadas a todo momento, o que faz com que se sintam deslocadas, quando na verdade, seus gestos contidos fazem com que elas passem desapercebidas em diversas situações. Pessoas conhecidas como "nervosinhas" tendem a interpretar as situações como se estivessem sendo atacadas a todo momento e sentem que precisam se defender. Sendo assim, respondem de forma seca e ríspida e mostram agressividade sem necessidade.

A inteligência emocional se dá quando percebemos que estamos vivendo num círculo vicioso, que nos mantém prisioneiros de nossos próprios pensamentos e emoções. Perceba que o vilão da história não são as emoções, elas apenas reagem aos pensamentos e preparam nosso corpo para reagir da forma como foi ordenada.

Perceba que a única forma de sairmos dessa prisão psicológica é trabalhando com o nosso lado racional, ampliando as possibilidades de interpretação da situação. Conversar ou desabafar com pessoas de confiança é um bom exercício que ajuda a compreender a situação por ângulos diferentes. Ao nos desapegarmos dos pensamentos geradores das emoções negativas, passamos a nos libertar também dos efeitos negativos das mesmas, e deixamos de estressar nossos corpos jogando neles tanta adrenalina, noradrenalina, cortisol, etc.

Estimular a produção de dopamina é uma boa solução se você deseja ser mais feliz, motivado e ter qualidade de vida no trabalho. Uma dieta balanceada, equilibrada, exercícios físicos diários, ações como buscar novidades, aceitar desafios, praticar meditação, pensar positivo, são ações simples, que não custam nada, e que ajudarão a mantê-lo motivado, feliz, mais disposto, focado e produtivo, enxergando muito mais oportunidades do que problemas, e claro, com um desempenho muito mais positivo no trabalho.

Pílulas Mágicas para Inspirar

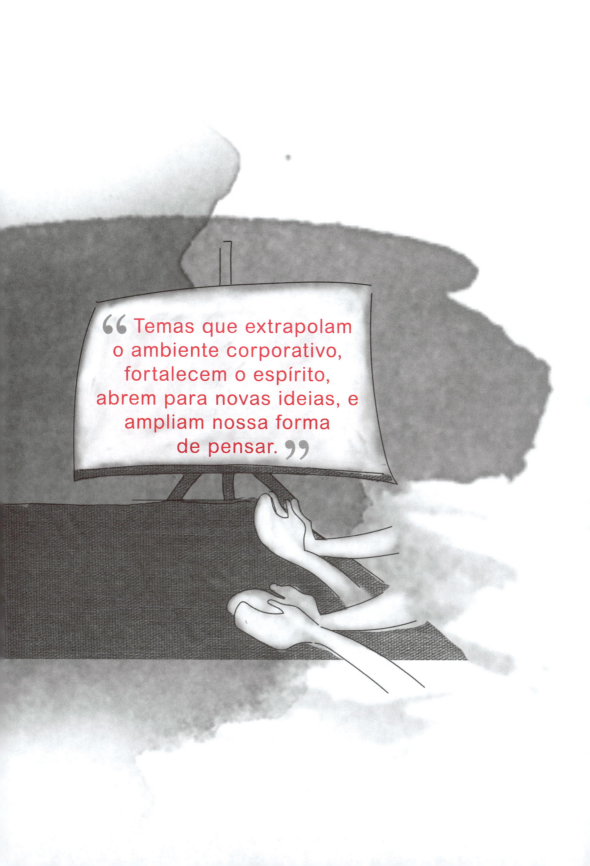

PILARES DO SUCESSO

Algumas pessoas mostram-se muito determinadas a alcançarem o sucesso na vida. Planejam a vida financeira, trabalham com afinco, tomam decisões racionais, etc. Entretanto, não conseguem ter uma vida emocional plena, além de viverem de forma sedentária. Outras pessoas investem seu tempo para manter boas relações acreditando que da vida o que se tira é isso, bons momentos, bons amigos, bons relacionamentos. Entretanto, vivem sem dinheiro, com saúde frágil e perdem a fé com facilidade.

Ainda conheceremos os que acreditam que ter uma boa qualidade de vida é ter saúde, então, malham todos os dias, alimentam-se de forma balanceada, têm uma saúde perfeita. Mas, por outro lado, trocam os pés pelas mãos quando o assunto é relacionamento e vivem com problemas financeiros.

O que muitas vezes não percebemos é que para um bom equilíbrio da vida é preciso ter os quatro pilares do sucesso igualmente desenvolvidos. São eles: mental, emocional, físico e espiritual.

O ideal é que desenvolvamos os quatro pilares simultaneamente, dando atenção a cada um deles, o que dificilmente acontece. Os pilares funcionam de forma interligada e um alimenta o outro. Por exemplo, um pensamento pode gerar uma emoção negativa, que pode desencadear uma doença física e afetar o pilar espiritual (fé) da pessoa. Esse último pilar, por sua vez, pode trazer pensamentos mais negativos ainda, e o ciclo negativo se retroalimenta. E o oposto também pode acontecer: a falta de fé pode gerar sentimentos e pensamentos negativos, que podem afetar o corpo físico.

A importância de conhecer esses pilares é que passamos a nos cuidar de forma mais ampla e assim conseguimos conquistar um equilíbrio maior em todas as áreas da vida, ampliando os momentos de bem-estar e estados de felicidade. Lembrando que sucesso não é apenas acúmulo de dinheiro, e sim, alcançar as metas de sua vida de forma saudável, positiva e sem causar malefícios para si mesmo ou para outras pessoas. Em outras palavras, os meios são importantes para o alcance da meta final.

Com relação às funções dos pilares, nós temos:

▎PILAR MENTAL: Está ligado ao pensamento consciente, racional, lógico, dedutivo, e à inteligência matemática. Pessoas que dão muita ênfase ao pilar mental tendem a investir seu tempo e dinheiro em cursos técnicos e suas conversas são ligadas a questões materiais, financeiras ou de processos. Investir demais no pilar mental pode fazer com que a pessoa se torne mais fria e seja facilmente levada ao orgulho exacerbado, fazendo com que se sinta superior às outras pessoas. Também podem enfatizar apenas o conhecimento técnico e esquecer de exercitar reflexões importantes sobre a vida porque para tais reflexões são necessários os pilares emocional e espiritual em conjunto. O desequilíbrio trazido pela ênfase na racionalidade e pouca emoção pode gerar grandes conflitos de relacionamento. A lógica impede que a sensibilidade se manifeste, gerando falta de empatia, falta de "tato" para lidar com as pessoas, dificuldade em ponderar situações, tudo se torna branco ou preto, não há meio termo, não há os tons de cinza, falta senso de humor, ou seja, falta "leveza".

A falta de investimento no pilar mental faz com que a pessoa tenha dificuldades em tomar decisões, em pensar abstratamente, e também afeta o desenvolvimento dos pilares emocional e espiritual, pois ambos também requerem pensamento lógico.

Se você se identifica de forma significativa com aspectos mentais, você deve desenvolver o lado emocional: desenvolver o sentimento de amor e gratidão, resgatar a criança interior, brincar mais, sorrir mais, dançar e cantar mais, levar a vida de forma leve e alegre. Deve eliminar o crítico interno que existe dentro de si, que julga o outro e a si mesmo com muita severidade, o que pode tornar os relacionamentos e o clima de trabalho e familiar muito pesados. Observe também como anda seu desenvolvimento nos aspectos físico e espiritual.

▎PILAR EMOCIONAL: Está relacionado à energia advinda da mente subconsciente e aos sentimentos. Esse pilar nos torna sensíveis à beleza, às artes, à natureza, à música, e à dança. Exageros tanto para mais como para menos nesse pilar podem ser problemáticos. Pessoas que não desenvolvem esse pilar podem tornar-se frias, calculistas, desacreditadas nos relacionamentos, ou, o inverso: lançam-se demais aos relacionamentos, sofrem e choram demais a cada situação desagradável da vida, tornando-se emocionalmente desequilibradas. Amam demais, sofrem demais, choram demais, tudo vira um drama. Tais pessoas sofrem demais com o desgaste emocional. Tendem a canalizar muita energia em fatos que não são realmente importantes, angustiam-se, sofrem por ansiedade, e têm dificuldade em se desapegar de amores passados e experiências negativas, tendendo a ruminar situações. Também podem ter dificuldade em segurar os impulsos físicos e tomar decisões e reações impensadas baseadas apenas na emoção do momento.

A maioria das pessoas encontra problemas nesse pilar justamente porque é através dele que nos relacionamos com as outras pessoas. Além disso, as emoções trazem reações físicas que, algumas vezes, são desagradáveis, como: medo, ansiedade, raiva, angústia, etc.

Se você percebe que precisa desenvolver maior domínio sobre o pilar emocional, deve fazê-lo desenvolvendo o aspecto racional. Deve trabalhar seu lado lógico, observar as situações de forma mais racional e não tingida com as emoções de forma que possa tomar decisões mais coerentes. Deve aprender a não reagir de forma automática. Um bom exercício é observar sua própria situação como se fosse uma outra pessoa. Isso ajuda a amortizar a parte emocional e permite que a parte racional trabalhe.

▌PILAR ESPIRITUAL: Esse pilar está ligado à intuição, à consciência de si e à vocação. É uma espécie de guia interno ligado à nossa índole, que nos guia a fim de desenvolvermos as nossas virtudes humanas e nos tornarmos seres humanos melhores. É o pilar espiritual que nos dá o sentimento de compaixão, amizade, amor, e também o que nos faz querer desenvolver virtudes como disciplina, força de vontade, humildade, coragem, etc.

Esse pilar, através do sofrimento, nos alerta que algo não vai bem e nos faz buscar a direção correta do desenvolvimento humano. Portanto, sofrimento aqui não é visto como castigo, e sim como um alerta. Esse pilar, quando bem desenvolvido, é capaz de trazer muita força e energia a todos os outros pilares.

Pessoas ligadas de forma exagerada a esse pilar são os fanáticos religiosos ou fanáticos por alguma outra causa. Acreditam que viver apenas no mundo da espiritualidade é o suficiente, e alguns chegam a se isolar porque acreditam que o mundo está errado. Puro engano. O crescimento humano só pode se dar na presença e interação com outros seres humanos, pois é justamente nas relações humanas que somos testados em nossas virtudes.

Também existe o oposto - pessoas que não têm vida espiritual nenhuma. Essas pessoas caem em depressão rapidamente, porque não exercitam a esperança, a fé. Baseiam-se apenas no que podem ver e tocar. Limitam suas realizações porque não se permitem sonhar. Não praticam a caridade, o amor ao próximo e a compaixão. Desconhecem leis importantes do universo como o da reciprocidade, da causa e efeito, etc. Sofrem por não conseguir compreender questões que estão fora do domínio da lógica e da ciência.

Devo enfatizar que o pilar espiritual nada tem a ver com religião. A religião aqui é tida como um caminho escolhido para que a pessoa encontre a si mesma.

O pilar espiritual deve ser desenvolvido para guiar as escolhas mais importantes da vida e dar discernimento nas tomadas de decisão. Deixar esse pilar de lado é escolher viver em eterno sofrimento.

▌PILAR FÍSICO: Esse pilar está relacionado ao nosso corpo físico. Não há como ter qualidade de vida em meio a dor e ao sofrimento físico. É preciso cuidar do corpo físico assim como cuidamos da nossa parte psíquica. Se o corpo físico não for alimentado de forma adequada, se não for exercitado, se não tomar sol, se tiver pouco cuidado, certamente, terá problemas.

O corpo físico é o reflexo dos outros pilares. Há diversos estudos da psicossomática que comprovam a relação entre estados emocionais e doenças. Por exemplo, problemas gastrointestinais estão relacionados a algum tipo de desequilíbrio emocional. Dores de cabeça estão relacionadas à necessidade de controle - ou desejam controlar demais ou sofrem com o controle de alguém. Dores nos pés estão relacionadas à dificuldade de se desligar do passado e angústias que envolveram possibilidades ou vontade de fugir.

O corpo físico deve ser tratado com respeito, pois é o templo de nossa alma. Sem ele não há como os demais pilares se manifestarem com harmonia e perfeição. Somente respeitando o nosso corpo poderemos usufruir de todo benefício que ele pode nos dar e, assim, cumprirmos em paz a nossa missão de vida.

Como vimos, esses quatro pilares são extremamente importantes para o nosso desenvolvimento humano pleno, e para atingir o sucesso em qualquer empreendimento. Um não pode existir sem o outro. Portanto, é preciso ter consciência de quanto tempo estamos investindo em cada um dos nossos principais pilares.

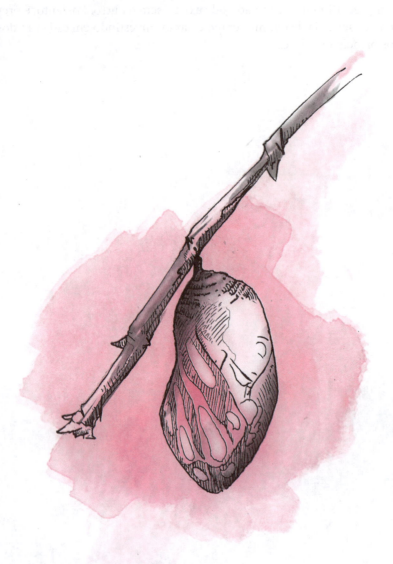

O PODER DA TRANSFORMAÇÃO

Momentos de crise põem em xeque nossas crenças, hábitos, vitórias e certezas. No ideograma chinês, a palavra CRISE é formada por duas palavras: PERIGO e OPORTUNIDADE. Perigo porque sempre trará a sensação de medo e ansiedade. E oportunidade porque é a chance que temos de resolver situações pendentes, mudar a direção das nossas vidas, ou mesmo recriar cenários diferentes para as nossas vidas.

Em muitas culturas, a águia é símbolo de Poder e Transformação. Na mitologia Grega, a águia simbolizava Zeus, que é o mais poderoso dos deuses. Na cultura Celta, ela significava Renascimento ou Renovação. Para os Egípcios, ela simbolizava a Vida Eterna. E essa "fama" da águia não se fez à toa.

A Águia inspirou uma lenda muito interessante relacionada à sua capacidade de renovação. A Águia é a ave que possui a maior longevidade da espécie, podendo viver até os 70 anos. Mas ao chegar aos 40, ela já se encontra bastante desgastada fisicamente, suas unhas estão tão compridas e flexíveis, que ela já não consegue agarrar suas presas. Seu bico encontra-se longo, pesado e pontiagudo, dificultando o voo e o estraçalhar dos alimentos, que é mais difícil do que caçar. Suas penas estão pesadas e grossas, que impedem o bom voo. Diante dessa situação, a águia só tem duas alternativas: ou morre... ou enfrenta um doloroso processo de renovação que durará cerca de 150 dias.

Nesse processo, a águia voa até o ponto mais alto da montanha, resguardando-se de possíveis predadores. Nesse local seguro, ela começa a bater o seu bico contra a parede até arrancá-lo, aguentando, corajosamente, a dor que essa ação acarreta. Com paciência, espera o nascer de um novo bico, e com ele irá arrancar as suas velhas unhas. E, com as novas unhas, ela passa a arrancar as velhas penas. Após cinco meses, a água encontra-se "Renascida" e preparada para viver por mais 30 anos.

Momentos de crise, limitação e dificuldade nos ajudam a parar para refletir sobre como estamos conduzindo nossas vidas, nosso trabalho, nossos relacionamentos.

Assim como a águia, somos convidados a passar por processos de renovação. Às vezes saímos do emprego, ou somos demitidos, ou nos divorciamos, ou passamos por crises financeiras, ou, de forma mais simples, precisamos simplesmente renovar os processos de trabalho dentro da própria empresa.

Muitas empresas apresentam em sua visão e missão a palavra "inovação". Não é possível haver inovação se as pessoas não estão dispostas a transformar os processos. Isso requer muita coragem, pois assim como a águia enfrenta a dor física para se transformar, nós enfrentamos a dor psíquica.

Da mesma forma que a águia sofre com a dor de arrancar seu próprio bico, sofremos por abrir mão das glórias passadas, daquele jeito de fazer as coisas que "sempre deram certo", porque "sempre foi assim".

Assim como a águia arranca as unhas que antes agarravam tão bem os alimentos, precisamos abrir mão dos velhos hábitos e costumes, que até agora nos geravam sensação de paz e segurança.

Com a mesma coragem com que a águia arranca todas as suas penas na certeza de que crescerão novamente, devemos nos abrir para o mundo novo, porém incerto, que se abre à nossa frente.

Mas que força é essa que nos faz enfrentar tamanha dor e dificuldade? A resposta pode ser encontrada na palavra "esperança". Esperança é a confiança de que algo positivo irá acontecer no futuro. Portanto, a esperança necessita de um objetivo, uma meta inspiradora, caso contrário, tamanho sacrifício não se justifica.

Tememos as transformações na vida quando não temos uma meta de futuro inspiradora que justifique o esforço. A águia, por ser um animal, pode passar pelo processo guiada por seu instinto de sobrevivência. Entretanto, nós, seres humanos, somos dotados de uma consciência, que nos permite a escolha: ou seguir em frente ou sucumbir diante dos desafios – a resposta dependerá das metas que você possui em sua vida.

Quanto mais elevados forem os seus propósitos, maior será a sua motivação. Propósitos elevados são aqueles que desafiam nossos propósitos egoístas. Propósitos elevados estão ligados a sentimentos de justiça, igualdade, determinação, amor ao próximo, caridade, etc., ou seja, são propósitos que extrapolam o benefício próprio e beneficiam também outras pessoas. Já os propósitos mais egoístas pretendem beneficiar apenas a nós mesmos, ex: comprar o sapato que desejamos, ou o carro, ou ter dinheiro para gastar na balada, etc.

A vantagem de ter propósitos elevados é que a luta não é solitária, pois trabalhamos com a força de muitas pessoas, pelo simples fato de que a nossa luta beneficia outras pessoas. É possível aplicar esse raciocínio nas organizações. Você não precisa virar monge para ter propósitos elevados. Quando conseguimos enxergar além dos desafios, ou seja, quando conseguimos mostrar aos nossos colegas de que forma as dificuldades lapidam nossas virtudes como a paciência, a humildade, a compreensão, etc, e damos suporte a elas, incentivando, inspirando, amenizando seus medos e sofrimentos gerados pelas transformações da vida, isso por si só, já é trabalhar movido por propósitos elevados.

É preciso esvaziar o copo para enchê-lo novamente. É preciso abrir mão do velho para o que o novo chegue. Essa é a postura que devemos levar para nossas vidas para que o processo de transformação ocorra sempre e sem resistências dentro de nós. Para que possamos evoluir buscando melhorias não só em nossos processos de trabalho, mas principalmente na evolução do nosso caráter e virtudes.

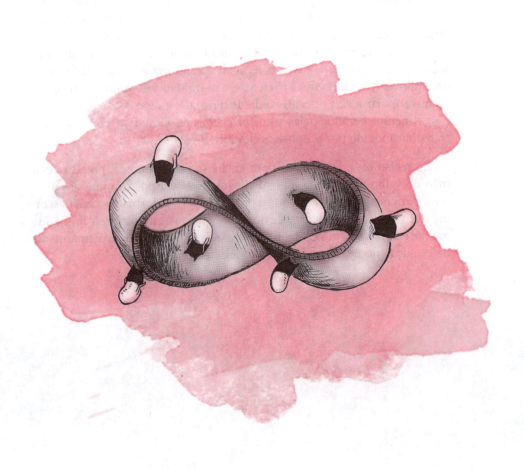

O QUE DEIXAR PARA TRÁS

O período que antecede o final de ano é o momento em que as pessoas, de forma mais ou menos consciente, fazem um balanço do ano. Refletimos sobre os projetos do ano anterior, o que realizamos, o que faltou, etc.

Também é comum se planejar para o ano seguinte. Entretanto, tão importante quanto criar metas, saber eliminar o que não serve mais também ajuda na caminhada rumo à felicidade. A vida é como uma estrada. Caminhamos por ela com uma mochila onde guardamos algumas "ferramentas" importantes para nossa caminhada: aprendizados, valores, lembranças, experiências, hábitos, sentimentos, etc. De tempos em tempos é preciso fazer uma "limpeza" para que essa mochila não pese demais e possamos continuar com tranquilidade a travessia da vida.

A cada final de ano é preciso olhar para essa "mochila" e separar o que fica e o que não serve mais. Uma mochila pesada demais torna a travessia mais penosa. Separe o que levar e o que não levar para o ano seguinte:

▮**Objetos inúteis:** Faça uma faxina em sua mesa de trabalho e nos armários de sua casa. Jogue fora ou doe objetos que você não usou em um ano.

▮**Hábitos indesejáveis:** Preguiça, mau humor, procrastinação, fumar, beber demais, gastar dinheiro demais, etc, são comportamentos que não ajudam no caminho rumo à qualidade de vida e felicidade. Se tais comportamentos não ajudam a concretizar seus planos, corte-os fora! Eleja uma atitude condizente com o que deseja da vida.

▮**Relacionamentos infelizes:** Às vezes permanecemos em relações por comodismo. Não só no amor, mas também em relações comerciais e de amizade. Algumas pessoas são negativas, nos põem para baixo e roubam nosso tempo. Pare e pense: "O que essa pessoa traz de bom?", "Sua presença é positiva e combina com o seu objetivo de vida?". Se essas relações lhe fazem mal, então, está na hora de cortar. Afaste-se de quem não lhe faz bem.

▮**Lembranças indesejáveis:** Da mesma forma que limpamos o armário, é importante fazer uma faxina nas recordações que causam emoções desagradáveis. Rancores, mágoas, angústias, nos prendem ao passado, pesam muito na mochila e tornam o caminhar mais amargo. Perdoe, deixe as pessoas que lhe causaram mal seguir seu caminho. Perdoe a si mesmo caso tenha feito mal a alguém, dê uma chance a si mesmo para retomar seu caminho de forma mais leve. Você também merece ser feliz!

TIRE FÉRIAS...
TRABALHANDO!

Mês de férias, e você... trabalhando. A boa notícia é que se pode trabalhar e tirar umas férias rápidas, só que mentalmente, é claro!

Os pesquisadores Carlos, Souza e Camano (2008), desenvolveram estudos sobre os benefícios da meditação na qualidade de vida, e criaram um método que pode ser realizado por qualquer pessoa, mesmo no ambiente de trabalho.

Os autores citam diversas pesquisas que confirmam os efeitos positivos da meditação como método para reduzir a ansiedade, através da ação no chamado "eixo neuroendócrino" do stress. As principais mudanças estariam na alteração da função cerebral, diminuição dos níveis de catecolaminas e cortisol (hormônios do estresse).

Dentre alguns resultados positivos citados pelos autores estão: redução do cortisol e redução do estado de alerta (causado pelo stress) (Sudsuang e cols, 1991); redução do nível de cortisol ao final de cinco dias de meditação (Tang e cols, 2007); menor neuroticidade, menor tendência à depressão e menos ansiedade/irritabilidade, diminuição do alerta, aumento do autocontrole, da autoestima e da sensação de felicidade, maiores índices de satisfação em relação ao sono (West, 1979); sensação de paz mental, impressão de estar em harmonia com o mundo e sensação de bem-estar (Benson, 1982); melhora nos escores dos testes de atenção, ansiedade, depressão, raiva e fadiga, diretamente relacionados ao decréscimo dos níveis de cortisol, decorrente da prática da meditação (Tang e cols, 2007); significativa redução da ansiedade em 20 dos 22 casos estudados (Miller et al, 1995); dentre outros.

O processo é bastante simples, porém requer disciplina. Você pode aproveitar alguns minutinhos da sua hora de almoço para tentar! Veja o passo a passo:

▌**Eleja uma âncora:** Essa âncora pode ser sua própria respiração, ou o contato do solo com seus pés enquanto caminha, atenção (sem julgamento) em todos os barulhos ou sensações do momento, ou foco nos próprios pensamentos.

▌Relaxe a lógica: Significa não julgar os pensamentos, sensações, etc, é simplesmente ancorar a mente sem se envolver na sequência dos pensamentos. A âncora ajuda a mente a relaxar a lógica, só assim a meditação poderá ocorrer.

▌Entrar em estado alterado de consciência: Este estado só é alcançado quando vencida a participação da lógica. É nesse estado que as alterações corporais ocorrem, tais como: diminuição da frequência cardíaca e respiratória; relaxamento muscular, diminuição do metabolismo corpóreo, alterações das ondas cerebrais, alteração de algumas regiões do cérebro, etc.

Sempre que algum pensamento vier, volte o foco de atenção para a âncora.

Ao terminar, dê três respirações profundas e permaneça calado por alguns instantes.

A prática da meditação ajuda na concentração, memória, na manutenção da sensação de felicidade, no relaxamento corporal, etc. Isso porque o "desligar" da mente por alguns instantes tira o foco dos problemas e nos leva para um estado de paz e tranquilidade. Essa renovação, mesmo que vivenciada por alguns instantes, tem um impacto importante na nossa qualidade de vida no trabalho. Equivale a um cochilo depois do almoço!

Caso não tenha tempo para realizar todo o processo, outro exercício prático é:

Feche os olhos e deixe a mente ir para algum lugar em que você sinta segurança e paz. Pode ser um cômodo da sua casa, praia ou qualquer outro lugar.

Uma vez visualizado o espaço, comece a sentir as sensações de estar lá. Sinta o cheiro do lugar, veja as cores, sinta a textura, o vento, a temperatura, etc, como se estivesse mesmo no lugar. Sinta a sensação de paz e bem-estar.

Permaneça lá o tempo que puder usufruindo das boas sensações e volte com tranquilidade.

Você verá que seu estado de espírito ficará melhor e, a cada dia você dominará melhor a prática e conseguirá resultados em menos tempo.

Boa prática!

CONHEÇA O SIGNIFICADO DAS DOENÇAS

No início do século XX, Freud, em sua teoria, demonstrou a existência da relação entre traumas emocionais e sintomas físicos. O desencadear de sintomas físicos gerados por conflitos psicológicos inconscientes é chamado de "psicossomatização" (psico = mente; soma = corpo).

Há milhares de anos, os orientais já reconheciam essa relação íntima entre mente e corpo. Aliás, eles ainda consideravam outro componente nessa relação, o fator energético: a energia que absorvemos e geramos através dos alimentos, respiração e meditação.

A doença é vista como um sinal de desequilíbrio ou bloqueio do fluxo de energia desse sistema, que pode ter origem tanto na má alimentação, nos pensamentos que geram emoções negativas e falta de cuidados com o corpo. É por isso que, mesmo que sigamos uma dieta impecável e façamos exercícios regularmente, ainda assim não escapamos das doenças.

Na visão oriental, nossos corpos são formados por milhares de canais energéticos parecidos com veias e artérias, mas em vez de conduzirem sangue, esses canais, chamados meridianos, conduzem a energia vital.

Quando sofremos um trauma, ou passamos por períodos estressantes, inconscientemente tensionamos os músculos do nosso corpo. Quando fazemos isso, bloqueamos o fluir harmonioso da energia vital. Ao mesmo tempo, no nível psicológico, como as questões são desagradáveis demais ou não sabemos como lidar com elas, tendemos a ignorá-las, evitamos pensar e falar sobre elas, e assim as jogamos para o lado inconsciente e obscuro da mente.

Entretanto, essa energia escondida faz parte de nós, é uma energia viva e pulsante. E para nos tornarmos seres completos, é preciso integrar e aceitar essas partes dentro de nós. É assim que amadurecemos psicologicamente, quando aprendemos a lidar com a realidade e aprendemos a nos ajustar a ela, e não a negá-la. A energia escondida, renegada, dará um jeito de fazer com que nos lembremos dela, e ela faz isso através dos sintomas. Portanto, os sintomas físicos não são castigo e sim uma forma de nossa alma pedir ajuda à nossa parte consciente, e de nos tornarmos mais fortes, conscientes e sábios.

A forma de manifestação dos sintomas tem muito a ver com o tipo de conflito psicológico. Abaixo darei alguns exemplos sobre essa relação mente-corpo-energia, entretanto, é importante enfatizar que cada caso é um caso, e os sintomas devem ser avaliados de acordo com a história de cada um. Aconselho buscar a ajuda de especialistas caso sofra de algum dos sintomas:

▌Dores de cabeça: Relacionada a sensações de pressão; imposição; competição acirrada; ambição; crítico interno muito forte; sensação de bloqueio. O paciente deve reconhecer que perfeccionismo demais é negativo. O ego, a cabeça, questões intelectuais e ambição estão tomando as energias de outras áreas, sobrecarregando a cabeça. É preciso relaxar, sentir mais prazer, trabalhar a criatividade e o lúdico.

▌Dores na coluna: Sentimentos de culpa, autocobranças, sensação de sacrifício, inseguranças, medos em geral (de não conseguir algo, de morrer, da humilhação, de perder, etc), vitimização, estão relacionados a essa parte do corpo, responsável por nossa estrutura geral. O paciente deve buscar firmeza em si, encontrar sua força e estrutura internas, aliviar-se dos fardos supérfluos, enfrentar seus medos e angústias de forma consciente.

▌Problemas cardíacos: O coração é símbolo do amor, da troca social, da autoexpressão, da capacidade de dar e receber amor. Problemas cardíacos como pontadas no coração, sensação de aperto, taquicardia, etc, podem sinalizar a dificuldade de perdoar, amar e ter compaixão. Demonstra a confusão de sentimentos e a dificuldade em lidar com as mágoas, ressentimentos, raivas e ódios. Observar as carências, frustrações e medos de abandono. O paciente deve ouvir e seguir o seu coração (intuição ou alma), de forma a resgatar o prazer de viver, a alegria e a leveza.

▌Problemas digestivos: Raivas não manifestadas, "sapos não engolidos", "azedar" com alguém, engolir desaforos, etc, podem estar por trás das úlceras, gastrites, azias e má digestão. O sistema digestivo lida com a forma como absorvemos e digerimos as experiências da vida. Da mesma forma que o estômago recebe o alimento como algo que acolhe, nutre, dando a sensação de segurança, sobrevivência e bem-estar, também é o berço das mágoas e ressentimentos. É por isso que quando nos sentimos carentes demais ou ansiosos, tendemos a comer demais. Por outro lado, "vomitamos" ou desabafamos com violência situações que não "engolimos" mais. O paciente deve manifestar a raiva de outra forma, negociar, ser assertivo, se fazer ouvir de forma mais racional e argumentar pela inteligência e não segurar a situação até "vomitar" no outro sua ira.

▌Obesidade: Está ligada ao estômago e aos "sapos não engolidos". São pessoas muito sensíveis, por isso magoam-se facilmente e têm dificuldade em perdoar. Tendem à vitimização. A comida é usada para aliviar a mágoa e preencher a sensação de vazio. A gordura funciona como uma espécie de isolante que alimenta o desejo de ser deixado em paz, no seu canto, esquivando-se das chateações do mundo real. A obesidade também traz outros ganhos secundários como despertar a compaixão alheia, ou testar o amor e a fidelidade do parceiro. O paciente deve tomar uma atitude ativa na vida, firme, sair da postura de vítima, reconhecer seu próprio valor e poder. Aprender que nos magoamos quando jogamos muita expectativa nos outros. Aprender a aceitar as pessoas e a vida como são. Fazer a faxina das mágoas e dos pensamentos negativos e pessimistas, livrar-se do orgulho e de ideias e pessoas que não trazem felicidade. Aprender a ganhar peso na alma e não no corpo. Buscar prazer em outras coisas.

▮ Problemas nos pés: Medo da vida, de ousar, conflitos entre a direção e velocidade de nossas vidas, dificuldade em atingir metas, dificuldade em desapegar do passado, podem estar por trás dos problemas nos pés, tais como: pés cansados, dores nos dedos dos pés, problemas vasculares nos membros inferiores. Os pés simbolizam a noção de realidade (ter os pés no chão), de firmeza e defesa dos pontos de vista, a capacidade de mobilidade e progresso (contrário de pé-frio). O paciente deve voltar a atenção para si, ser honesto consigo mesmo, esforçar-se para compreender o que lhe causa medo, o que o aprisiona, reconhecer seus medos e que renunciou interiormente às esperanças em relação ao futuro, e resgatar a esperança.

▮ Hipertensão: Sensação de contínua provação, sentir-se pressionado, viver à beira de um conflito, dificuldade em aceitar situações, preocupação ou medo de perder, remoer problemas, achar que é insubstituível, raiva reprimida, podem ser os geradores da hipertensão arterial. O paciente deve aprender a conhecer a própria força. Seu sofrimento vem da sensação de que não dará conta das situações de sua vida. Deve aceitar o curso natural da vida, saber que é substituível e deixar de querer controlar o que não é possível ser controlado. Deve aprender a se comunicar de forma a não sobrecarregar os vasos sanguíneos com suas aflições e poder falar sobre elas sem descarregar a metralhadora de fúria. Deve aprender a respirar, relaxar, olhar para dentro de si e não só para fora, causando pressão em suas artérias.

Esses são alguns exemplos de como as doenças manifestadas em nossos corpos se relacionam com nosso crescimento pessoal. Doenças devem ser encaradas como pedidos de socorro de nossas almas e alertas para o que empurramos para "debaixo do tapete" em nossas vidas.

Se você se interessou pelo tema e deseja saber mais, indico alguns excelentes autores da área: Rüdiger Dahlke, Cristina Cairo, Alexander Lowen e Adalberto de Paula Barreto.

COISAS QUE A MORTE ENSINA

Vivemos pequenos momentos de morte todos os dias: a conclusão de um trabalho, o término de um namoro, o final de um ano, etc. Mas quando ela aparece de forma concreta, como a morte de minha mãe, ela realmente nos sacode.

Na madrugada do dia 24 de dezembro de 2011, minha mãe, Miyako Kamia, mais conhecida como HELENA KAMIA, 66 anos, faleceu fazendo o que mais amava na vida: shows de mágicas. No camarim, entre um número e outro, teve um AVC. Foi tudo muito rápido. Entre o mal estar, socorro e morte, foram cerca de 4 horas.

Quando alguém tão amado, que ocupa um espaço tão especial em nossos corações morre, a sensação que temos é que um pedaço de nós foi embora junto. E como preencher esse grande vazio que fica em nosso peito? É sobre isso que quero falar.

Nenhum de nós passará imune pela morte. Todos nós morreremos e todos nós, em algum momento de nossas vidas, perderemos alguém muito especial, seja um pai, uma mãe, um filho, um amigo querido. Portanto, se temos que passar por isso, talvez seja porque existe um grande aprendizado por trás desta experiência. Na verdade, a morte nos ajuda a repensar a vida.

Minha mãe era uma figura muito alegre, alto-astral, sempre disposta a oferecer palavras de apoio e ânimo àqueles que necessitavam, o que deixou uma marca muito positiva na vida de muitas pessoas. Isso nos faz pensar "que marca estou deixando nesse mundo?", "como gostaria de ser lembrado?". Mesmo sem saber, o tempo todo estamos deixando nossa marca nesse mundo, estamos entregando algo para as pessoas. Algumas pessoas entregam sorrisos, alegria, palavras de suporte, outras entregam reclamações, mau humor e tristeza. Mas a pergunta é "o que você está entregando diariamente para o mundo à sua volta?"

A morte também nos faz refletir sobre a qualidade dos relacionamentos que mantemos em nossas vidas. Para muitas pessoas, a morte de alguém querido traz angústia. A angústia é um sentimento de pesar por algo que não se pode mais realizar. São palavras que o morto não poderá ouvir, questões que não poderão ser resolvidas, e momentos bons que não poderão ser vividos, porque agora fazem parte do passado e o passado não muda.

Isso nos faz pensar sobre o quanto "empurramos com a barriga" questões importantes que devem ser resolvidas no momento presente. Esquecemos que somos finitos. Também nos faz pensar sobre o quão importante é viver o momento presente, pois é nele que vivenciamos os verdadeiros momentos de felicidade.

Sendo assim, a morte nos ensina que devemos aprender a valorizar pequenos momentos, palavras e gestos em situações do cotidiano. Pude "curtir" muito a minha mãe cozinhando e lavando louça junto com ela, conversando sobre coisas da vida. Era um prazer tomar nosso chá após o almoço, sair para cantar no karaokê, e ver os olhos dela brilharem! Compartilhar de sua alegria e companhia era sempre um prazer! E agora, com sua ida, aquela parte do meu coração que se foi junto com ela é preenchida por essas boas recordações de alegria e troca de amor.

Relembrar os momentos bons faz com que nosso coração se encha de amor, e isso acalenta e cura qualquer dor. Mas é preciso ter tido esses bons momentos, para que eles possam ser relembrados. Portanto, outro ensinamento que a morte nos traz é "viva cada dia como se fosse o último. Viva conscientemente e intensamente. Agradeça o privilégio de estar vivo e valorize cada momento com cada pessoa que passar pelo seu dia. Olhe nos olhos, abrace, toque, sinta que está vivo e passe essa vida para as pessoas!"

Muitas pessoas sofrem mais do que o necessário com a morte do outro porque, de alguma forma, sentiam-se dependentes, financeiramente ou psicologicamente. É comum sentir raiva do morto porque vem a sensação de desamparo que parece dizer "como você pôde fazer isso comigo? Por que me abandonou? Por que me deixou aqui sozinho?". Lidar com isso é a outra lição que a morte nos traz.

A morte nos relembra que somos seres únicos. Por mais que convivamos em sociedade, somos seres individuais. E amadurecer significa aprender a carregar o próprio peso. A pessoa que se foi sempre deixa um "buraco" em nossas vidas e ele precisa ser preenchido. Ao preenchermos esses espaços nós crescemos! Portanto, para você que é pai e mãe, cumpra o seu papel de educador, prepare seus filhos para serem independentes, de forma que eles não sofram tanto na sua falta.

Sempre digo que, para aqueles que ficam, é como se Deus desse uma oportunidade para revisar suas próprias vidas e mudar, caso seja necessário. Aprender coisas novas, portar-se diferente, relacionar-se diferente. Aproveite a oportunidade!

A morte nos ensina a sabedoria. Sabedoria só vem com a experiência. É preciso passar por ela para saber como é. É por isso que nenhum de nós está isento disso. Grandes lições da vida vêm com os momentos mais difíceis. Saber passar pelas experiências retirando o melhor delas, isso é sabedoria. Isso vale para qualquer coisa na vida. Se a situação é ruim, pense "o que estou aprendendo com isso?", pois de alguma forma você está sendo fortalecido.

Para finalizar, em nome de toda família Kamia, gostaria de agradecer a minha mãe. A ela dedico esse texto. Agradecemos pelo privilégio de ter tido uma pessoa tão iluminada em nossas vidas e que cumpriu magnificamente sua própria missão de vida. Com sua conduta e palavras, nos ensinou a ter esperança nos momentos mais difíceis. Mais tarde descobrimos que isso significava Fé. Fé é a capacidade de "Crer Sem Ter que Ver", é ter a confiança de que tudo dará certo no final. Nos ensinou que o Amor liberta, que todas as pessoas com as quais nos relacionamos cumprem um papel em nossas vidas e quando terminam sua função, precisam ir. Amar significa permitir que as pessoas entrem e saiam de nossas vidas quando necessário. O amor se torna egoísta quando teimamos em aprisionar as pessoas mesmo quando isso não é mais positivo nem para nós nem para elas. Bem viver é viver intensamente nossas vidas, sabendo retirar o melhor que as pessoas têm a nos oferecer e, com muita gratidão, guardar esses bons momentos em um lugar especial em nossos corações, de modo que não precisemos ter as pessoas fisicamente o tempo todo ao nosso lado, e sim, em nossos corações.

"Mãe, minha querida, fique com Deus! Nosso coração está repleto de amor para você! Obrigada por tudo! Esteja em Paz porque estamos em Paz! Amém!"

QUANDO OS FILHOS SE RECUSAM A AMADURECER

Você conhece algum jovem, na faixa dos 25 ou 30 anos, que não trabalha, não estuda, não quer nada com nada na vida, e ainda pede o carro dos pais para sair? Com certeza deve conhecer. Infelizmente, esse é o drama vivido por milhares de famílias.

São filhos adultos que se recusam a amadurecer e assumir responsabilidades. Mostram-se egoístas, pois não percebem que fazem as pessoas à sua volta sofrer. Temem a responsabilidade porque acreditam que ela lhes tiraria a liberdade. Pensam apenas em si, querem ficar na zona de conforto, num mundo de fantasias onde a preguiça impera. Sempre insatisfeitos, reclamam, desejam mudanças, porém não se dispõem a mexer uma palha para mudar, querem dinheiro sem trabalhar, querem o prazer, mas não querem o sacrifício de conquistar.

Esses eternos adolescentes vivem a "Síndrome do Peter Pan" – termo utilizado pela primeira vez pelo psicólogo Dr. Dan Kiley, em 1983, que se referia às características do personagem que vivia na "Terra do Nunca", onde todos os sonhos eram possíveis, e não desejava crescer.

A síndrome é um conjunto de comportamentos imaturos que pode englobar: irresponsabilidade, egocentrismo, insegurança, rebeldia, preguiça, dependência, procrastinação, falta de perspectiva, negação da realidade, entre outros.

Tornar-se adulto, ou amadurecer, significa renunciar à infância e ao mundo imaginativo, encarar a realidade e assumir as responsabilidades por si mesmo. Entretanto, alguns jovens adultos encontram muita dificuldade para se despedir da infância e assumir a vida adulta. Algumas das causas principais são:

▌FALTA DE LIMITES NA INFÂNCIA: Muitos pais, por medo de perderem o amor dos filhos e buscando a aprovação dos mesmos, são permissivos demais, e não dão os limites adequados. A falta de limites gera a incapacidade da criança em perceber a realidade, compreender as consequências de suas ações e dificuldade em receber "nãos". Mais tarde, essa falta de treino gerará adultos incapazes de se manter em empregos, de ter iniciativa, com baixa persistência, disciplina, força de vontade e responsabilidade.

█ FALTA DOS RITOS DE PASSAGENS: Antigamente, fases importantes como a da passagem da infância para a adolescência eram marcadas por rituais de passagens. Esses rituais eram importantes para a psique do jovem, pois determinavam uma data para que ele soubesse que o seu papel perante aquela sociedade estava mudando e que, a partir dali, ele assumiria outros comportamentos e responsabilidades. Hoje não temos mais ritos de passagens, o que dificulta o jovem a saber exatamente quando ele deixa de ser um menino para se tornar adulto.

Outro fator que confunde o jovem na saída do mundo da fantasia para a realidade é o mundo virtual. A própria tecnologia, apesar dos pontos positivos, pode trazer confusão nessa fase.

█ FALTA DE TREINO PARA O TRABALHO: Atualmente, poucos são os jovens que já tiveram algum contato com o trabalho. Pais preferem manter os filhos na escola e longe do trabalho. Nossa própria legislação fortalece esse hábito. Isso faz com que os jovens cheguem 'crus' demais para o ambiente de trabalho, sem conhecer a ética e as noções básicas. Trabalhar exige esforço mental e físico. Se o jovem não está acostumado a isso, rapidamente desistirá porque se sentirá cansado.

Além disso, crescemos com a crença de que o trabalho só serve para ganhar dinheiro, e se algum jovem trabalha é porque ele 'é pobre', portanto, 'precisa trabalhar'. Assim, o jovem moderno entende que, se ninguém ainda está passando fome em casa, não há necessidade de trabalhar. Isso é visto até como algo positivo, dando uma sensação de status superior.

█ INSEGURANÇA: Justamente por não terem sido preparados para enfrentar a realidade da vida madura, esses jovens se sentem muito inseguros e têm muito medo desse novo modo de viver. Não têm perspectiva de futuro. Têm muito medo da solidão, por isso se escondem atrás das amizades. Quanto mais mimados foram na infância, maior será a insegurança para enfrentar a vida adulta.

O problema é que os pais só se dão conta de que algo está errado quando o filho atinge a maioridade, e esperam que num passe de mágica ele acorde do sonho da infância e passe a se comportar como um adulto responsável. Mas percebem que os anos passam e nada muda. Se esse é o seu caso, seguem cinco dicas para ajudar o seu filho a amadurecer:

█ SEU FILHO JÁ É UM ADULTO: Lembre-se de que seu filho já é adulto e você deve tratá-lo como tal. Pais devem assumir que são corresponsáveis pela situação e, portanto, também devem ter postura ativa para reverter o quadro. Educar não é fácil. Nesse processo, os pais devem ter consciência de que terão que ser firmes para suportar as chantagens emocionais e o mau humor dos adultos imaturos que têm em casa, pois eles farão de tudo para manter a zona de conforto.

▍AMAR É ATENDER AS NECESSIDADES E NÃO OS DESEJOS: Pais devem saber a diferença entre necessidades e desejos. Isso vale para todas as fases. Antes de comprar tudo o que seu filho pede, pense antes quais são as necessidades de seu filho. Por exemplo, se ele não sabe economizar, comprar tudo o que ele pede (atender seus desejos) apena reforça comportamentos negativos. Ou, dar dinheiro para ele gastar na balada ou com namoradas não atende às necessidades dele, e sim a seus desejos. Se seu filho precisa desenvolver iniciativa, cooperação, senso de economia, ofereça situações que atendam a essas necessidades. Aprenda a dizer "não" para os desejos e "sim" às suas reais necessidades.

▍DELEGUE TAREFAS DA CASA: Se algum amigo lhe pedisse para passar um tempo na sua casa, provavelmente você acharia justo que ele ajudasse a pagar algumas contas, afinal, a pessoa usufruirá da estrutura da casa, água, comida, etc. Da mesma forma, seu filho deve entender que ele já é um adulto, portanto, também deve contribuir para pagar as despesas. Independente de trabalhar fora ou não, se ele vive em sua casa, deve ter responsabilidades. Combine tarefas e determine regras de convivência. Por exemplo, se ele não lavou a roupa dele, não faça por ele, e também não passe, deixe-as amassadas. Se ele não arrumou o quarto, não tem direito de pegar o carro, ou coisas do tipo. Mostre a ele a relação entre ação e reação, a regra do "não há almoço grátis" deve funcionar em sua casa, pois é assim que a vida funciona.

▍DEIXE-O "SE VIRAR": Evite fazer coisas pelo seu filho. Pare de perguntar o tempo todo "está com fome?", "está com frio?", "Vai sair? Leve a blusa!", pare de fazer lanchinhos e oferecer o tempo todo, deixe que ele comece a cuidar dele mesmo, afinal, ele não é mais criança, portanto, não o trate como tal.

▍AJUDE-O A PLANEJAR O FUTURO: Reserve um tempo para conversar com seu filho sobre o futuro. Ajude-o a planejar quanto tempo ele dedicará à procura de um emprego, que ações ele realizará, ajude-o a planejar seu dia para que seja o mais produtivo possível, delimite tempo para tv e vídeo games. Dê o apoio necessário, mas nunca faça por ele.

XÔ, "SÍNDROME DO ANO NOVO"

O Natal vem chegando e ao invés da esperada alegria e esperança, muitas pessoas são acometidas pela sensação de angústia, tristeza, chateação e falta de energia. Mas de onde vem isso?

A Síndrome do Ano Novo é justamente o conjunto de sintomas psicológicos e físicos que acometem algumas pessoas especificamente nessa época do ano. Tal estado de espírito ocorre pela junção da ansiedade (preocupação com situações futuras) com a angústia, ou o remorso, por situações que já passaram e não voltam mais, porém onde não houve o devido desligamento das emoções.

A síndrome tende a dar seus primeiros sinais no período que antecede o Natal justamente porque esse período nos remete à introspecção, à reunião com as pessoas mais íntimas e ambientes mais privados. E tende a ir embora no Ano Novo, quando festejamos com outras pessoas, novos planos são idealizados e as esperanças se renovam.

No período do Natal, de forma mais ou menos consciente, fazemos um balanço sobre o ano que se passou onde consideramos nossas realizações: será que consegui realizar meus planos? Na minha vida amorosa, financeira, profissional, pessoal, etc, estou melhor ou estou pior? É simplesmente angustiante lidar com nossas próprias cobranças, planos e limitações. Nem sempre o saldo é positivo e isso afeta diretamente a autoestima.

A autoestima não é apenas o amor que temos por nós, ela inclui também o valor que damos a nós mesmos. Esse valor tem a ver com a capacidade de realização que temos. Valorizamos mais as pessoas que realizam mais. Passar o ano sem concretizar nem metade dos planos é frustrante e rebaixa o nosso valor perante nós mesmos.

A culpa e o medo são os grandes vilões por trás da Síndrome do Ano Novo. Culpa pelo que não foi feito e medo do que ainda está por vir. Para que você tenha um final de ano mais feliz, e não caia nas armadilhas dessa síndrome, seguem aqui oito dicas valiosas para você fechar o ano de forma positiva:

❚ Tenha um plano único: Trace um "plano de vida" único que englobe todas as áreas da sua vida (financeira, profissional, saúde, social, amorosa, espiritual, familiar, etc). Estipule metas para cada área com longo, médio e curto prazo. Trace um plano de ação para alcançá-las no tempo prescrito.

❚ Foque nas metas de curto e médio prazo: Uma vez traçado o plano maior, você deve manter o foco nas metas de curto e médio prazo, pois são elas que devem entrar no balanço do final do ano. Manter a mente focada apenas na meta de longo prazo é frustrante porque a cobrança se torna muito maior e a sensação de realização menor. As metas de curto e médio prazo estão mais próximas do momento presente e das possibilidades de realizações.

❚ Desenvolva a iniciativa: Esse conceito requer que você aja por conta própria, sem esperar que alguém diga o que fazer. Isso significa correr riscos. Iniciativa é um comportamento que pode ser desenvolvido se você treinar. Uma forma simples é, por exemplo, limpar o quarto, lavar a louça, ou fazer qualquer atividade útil no trabalho sem esperar que os outros lhe peçam, ou esperar que os outros o façam. Se algo o incomoda, não espere o outro fazer, faça você mesmo. Esse hábito ensinará o seu corpo corresponder ao estímulo do cérebro sempre que solicitado, ou seja, você aprenderá a vencer a preguiça a qualquer momento, de forma que, quando precisar da sua força de vontade, ela já estará treinada para responder ao comando do cérebro.

❚ Conheça as suas possibilidades: Muitas pessoas colocam expectativas muito altas para si mesmas e se frustram porque a capacidade de realização não condiz com suas vontades. É importante você conhecer as suas limitações e seus potenciais. Trabalhe com metas que estimulem seu crescimento, mas não altas demais para trazerem frustração.

❚ Não misture seus planos com os de outra pessoa: Comparar-se com os outros querendo ser ou fazer coisas que os outros fazem é uma forma de trazer sofrimento para si mesmo. Os seus planos de vida cabem apenas a você mesmo. Você não deve satisfações a mais ninguém, portanto, evite comparar o seu desempenho com o dos outros. Respeite o seu tempo, as suas possibilidades, os seus reais desejos.

▋Elimine a culpa: De nada vale o tempo e energia gerados pela culpa de não ter feito, ou de ter feito algo errado. Caso seu plano de vida precise de ajuste, apenas o faça. Caso precise mudar seu comportamento, apenas mude. Evite remoer situações passadas. Deixe o seu eu preguiçoso, ou qualquer outro "eu" negativo para trás; livre-se deles. Saiba que você pode criar comportamentos positivos a quaquer momento que desejar.

▋Rebaixe o crítico: Não é porque você estipulou metas e prazos que deve fazer da sua vida um inferno para realizá-los. Lembre-se de que a jornada da vida exige esforço, mas também deve trazer leveza ao espírito. O crítico interno rebaixa a criatividade, o prazer, a alegria, a capacidade de adaptação, a espontaneidade, além de gerar culpa. Aprenda a perdoar seus erros, seus deslizes, e coloque-se sempre na postura de aprendiz diante da vida.

▋Agradeça: O balanço deve contemplar também os "ganhos" do ano. Olhe para trás e comemore cada pequena conquista. Lembre-se dos ganhos invisíveis: quanta paciência, sabedoria, disciplina, etc, você adquiriu com as experiências do ano? Agradeça também a tudo e a todos que contribuíram com você durante o ano. Agradeça o veículo que o levou e trouxe do trabalho, agradeça os colegas de trabalho, de academia, do salão de beleza, os equipamentos que permitiram que você exercesse o seu trabalho, etc. Apenas feche os olhos e sinta o sentimento de gratidão direcionado para as coisas e pessoas que fazem a sua vida melhor.

Para concluir, o mais importante na jornada da vida é o processo de realização em si mesmo. Comemore cada dia de vida e cada conquista, assim você terá uma vida repleta de pequenas realizações e momentos de felicidade, e "xô Síndrome do Ano Novo"!

O PODER DO DESAPEGO

Todo o universo funciona através de ciclos, como o ciclo dos dias, dos meses, anos, estações do ano, ciclo da vida, estágios de desenvolvimento, etc. Portanto, tudo está em movimento, tudo tem seu início e seu fim. Nesse pensamento, desapegar-se do que já passou é algo esperado, natural e saudável.

Entretanto, nós, ocidentais, temos uma dificuldade para compreender e aceitar os ciclos de nossas vidas, principalmente os términos dos mesmos. Adoramos iniciar os ciclos: festejamos o nascimento dos filhos, os inícios dos namoros, a abertura das empresas, gastamos fortunas com as festas de casamento, etc, mas, por outro lado, sofremos muito quando os ciclos terminam. Simplesmente não sabemos lidar com a situação quando o casamento acaba, quando a empresa precisa fechar, quando temos que lidar com a morte... não sabemos fechar os ciclos. E é justamente aí que surge o sofrimento.

Quando insistimos em permanecer numa fase que já se foi, acabamos por causar sofrimento não só a nós mesmos como também a quem está a nossa volta. É o caso, por exemplo, do(a) filho(a) já maduro(a), que se recusa a assumir as responsabilidades da vida, que teima em permanecer na postura da criança de dez anos, que é totalmente dependente dos pais, não demonstra nenhuma vontade para trabalhar, estudar e ainda faz birras quando não consegue o que quer.

Outro exemplo de sofrimento trazido pelo apego é o do(a) ex-amante que insiste em permanecer num relacionamento que já não existe mais. Durante a fase da paixão, sua mente criou um espectro de casal perfeito, e ele(a) se identificou com essa imagem desejando eternizar o momento. Mas quando a outra pessoa lhe diz que não deseja mais o relacionamento, a mente do(a) agora ex-amante está tão identificada com a imagem-fantasma que ele(a) mesmo(a) criou, que não consegue aceitar a realidade. Não aceita que a outra pessoa já não o(a) deseja mais ao seu lado, e insiste no relacionamento falido, causando sofrimento a todos.

Às vezes, criamos espectros de nós mesmos e nos apegamos a essas imagens. Há pessoas que sofrem demais ao lidar com limitações financeiras, pois em tempos anteriores viveram momentos de abundância financeira, que hoje já não existem mais. E assim, sofrem por não poderem ostentar o estilo de vida e as parafernálias que fazem parte da imagem criada.

O apego ocorre por duas questões básicas: a primeira está relacionada ao desejo de felicidade. A segunda está relacionada ao medo do sofrimento. Somos seres "traumatizados" por experiências infelizes anteriores e, como não desejamos sofrimento, procuramos nos defender fugindo de qualquer situação que se pareça minimamente com as situações de sofrimento anterior. Sendo assim, criamos imagens em nossas mentes daquilo que seria a situação ideal para afastar o sofrimento e nos aproximar da felicidade. Tendemos a "comprar" a imagem mais fácil e mais divulgada pela sociedade, a configuração: casa, carro, família e emprego estável. Pensamos que tendo domínio sobre essas coisas teremos mais chances de sermos felizes. E é daí que também nascem as sensações de controle e posse.

Entretanto, a imagem é estática, mas nossas vidas não. E tão logo, acabamos de, por exemplo, pagar o carro, alguém vai lá e dá uma "ralada" nele. Pronto! Nosso momento de felicidade se vai por água abaixo, e já estamos em sofrimento novamente.

Então, o que é o ideal? O ideal é que aceitemos a dinâmica da vida e seus altos e baixos. Aceitar que as coisas vêm e vão, não nos apegar por demasiado nem nas coisas, nem nas pessoas, nem nas emoções, nem nas ideias, porque tudo passa. Isso não significa viver de forma amorfa, sem emoção, sem compromisso. Ao contrário, é viver intensamente cada momento, absorvendo as verdadeiras lições de cada etapa de nossas vidas e saber que aquele momento irá passar, tanto os sofrimentos quanto os momentos de felicidade.

Se você tivesse dez anos de idade e alguém pedisse para você se descrever, com toda certeza, você se descreveria de forma muito diferente da atual. Talvez você dissesse: eu sou fulano, filho de cicrana, sou estudante da escola "x", etc. E hoje, talvez você respondesse eu sou fulano, casado com beltrana, pai de dois filhos, engenheiro, trabalho na empresa "x", etc. Perceba que, assim como os cenários das nossas vidas mudam, nossas identidades também mudam.

Quando aceitamos a dinâmica da vida, das pessoas, e de nós mesmos, passamos a entender que não é possível controlar o mundo. As pessoas mudam, nós mudamos. Ontem você poderia estar apaixonado por alguém que hoje já não suporta olhar na cara. Hoje você pode estar passando por uma dificuldade financeira que poderá nunca mais se repetir no futuro. Quando você comprou seu primeiro carro, pode ter zelado exageradamente por ele, mas hoje... não sente a mínima falta do seu primeiro carro, nem lembra dele, e vive muito bem, obrigado!

256 Pílulas Mágicas para Inspirar

Quando abrimos mão do controle, automaticamente abrimos caminho para o desapego, não só das questões materiais como também das identidades que assumimos durante a vida. Isso nos ajuda muito a lidar com as questões relacionadas à culpa.

A culpa e o rancor nos aprisionam a uma identidade que talvez nem exista mais. Às vezes, falamos e fazemos coisas a outras pessoas, das quais nos arrependemos profundamente. Mas a partir do momento em que decidimos não mais repetir atos que geraram tamanho sofrimento, automaticamente, deixamos de ser aquela pessoa que cometera tais atos e assumimos uma nova consciência e postura na vida. Culpa e rancor são sentimentos ligados à questões do passado. Não há como mudar o passado. Mas podemos mudar o presente e o futuro. A história negativa que se passou pode funcionar como lição e parâmetro sobre "o que não fazer", e pronto! O aprendizado já foi feito. Desapegar-se desses sentimentos negativos que geram sofrimento para nós mesmos também é um aprendizado.

Você até pode pedir perdão ao outro pelo sofrimento que você causou, entretanto, obter o perdão do outro já não está sob o seu domínio, e isso passa a ser um problema dele e não seu. Saber separar o que é nossa responsabilidade e o que é do outro também é um aprendizado.

Não estou querendo dizer que podemos sair fazendo e falando todas as coisas que queremos, seguindo impulsos. Ao contrário, guiados pela consciência da lição aprendida é que nos tornamos ainda mais responsáveis pelos atos futuros.

Aceitar a impermanência das coisas e das pessoas é aprender a viver de forma mais leve, sem tantas expectativas e, portanto, menos frustrações e aborrecimentos. É aprender a amar de verdade apenas pelo momento, deixando as pessoas que amamos livres para irem e voltarem quando desejarem nossa companhia, sem ciúmes, sem controle, e, portanto, sem frustrações e decepções, sem raivas e rancores, que são gerados pelo sentimento de posse.

É aprender a ser generoso fazendo favores e servindo aos outros por vontade própria apenas porque deseja fazer, e não fazer coisas esperando algo em troca. É aprender que quando perdemos algo ou alguém, na verdade, não perdemos, porque, de verdade, não possuímos nada, muito menos alguém. Apenas usufruímos por tempo limitado de alguns objetos que nos servem e da companhia das pessoas. É aprender que assim como os problemas passam, os momentos de alegria também passarão e, com isso, aprender a vivenciar os momentos de alegria e não teimar em eternizar esses momentos.

REFERÊNCIAS BIBLIOGRÁFICAS

ARNIZ, W.; CHASSE, B.; VICENTE, M.; Quem somos nós. Editora Prestígio Digital. Rio de Janeiro. 2007.

BARDUCHI, A.L.J. (Org); EMPREGABILIDADE: competências pessoais e profissionais. Editora Pearson Prentice Hall. São Paulo, 2010.

BARRETO, A.P. Quando a boca cala, os órgãos falam...: desvendando as mensagens dos sintomas. Editora LCR. Fortaleza, 2012.

BEAUVOIR, S. O Segundo Sexo: a experiência vivida. Vol. 2. aª ed. Ed. Difel. São Paulo, 1975.

BEAUVOIR, S. O Segundo Sexo: fatos e mitos. Vol. 1. 4ª ed. Ed. Difusão Européia de Livros. São Paulo, 1975.

BRANDEN, N. Auto-Estima e os seus Seis Pilares. 7ª. Edição. Editora Saraiva. São Paulo, 2002.

BRONSON, PO; MERRYMAN, ASHLEY. Os 10 erros mais comuns na Educação de Crianças. Editora Lua de Papel. São Paulo, 2010.

CAIRO, C. Linguagem do corpo: aprenda a ouvi-lo para uma vida saudável. Editora Mercuryo. São Paulo, 1999.

CANTINI, J.A. & Cols. Medo e evitação na direção de veículos: características de motoristas que nunca dirigiram após obtenção da Carteira Nacional de Habilitação. J. Bras.Psiquiatria, v.62, n.2, Rio de Janeiro, p. 124-130. Abr/Jun 2013. Disponível em: http://www.scielo.br/pdf/jbpsiq/v62n2/v62n2a05.pdf Acesso em: 15 jul.2015.

CARDOSO, R.; SOUZA, E.; CAMANO, L. Meditação em Saúde: definição, operacionalização e técnica. In: ROSSI, A.; QUICK, J.C.; PERREWÉ, P. (Orgs) Stress e Qualidade de Vida no Trabalho. Editora Atlas. São Paulo, 2009.

CARDUCCI, B.J. Vencendo a Timidez. Ed. MBooks do Brasil. São Paulo, 2012.

CARLAW, P.; DEMING, V.K. O grande livro de jogos para Treinamento de Atendimento ao Cliente. Ed. Qualitymark. Rio de Janeiro, 2006.

CARNEGIE, D. Como fazer amigos e influenciar pessoas. 43ª Edição. Ed. Nacional. São Paulo, 1993.

CASTELLS, M. A Sociedade em Rede. Vol 1: A Era da Informação. 8ª Edição. Ed. Paz e Terra. São Paulo, 2005.

CORLEY, T. Change your habits, change your life. Ed. North Loop Books. United States of America. 2016.

CORASSA, V. Vença o medo de dirigir. 14ª Edição. Editora Gente. São Paulo, 2006.

CRAWFORD, L.; TAYLOR, L. Esclarecendo suas Dúvidas. Editora Ágora. São Paulo, 2000.

DAHLKE, R. A Doença como Símbolo: pequena enciclopédia de Psicossomática. Editora Cultrix. São Paulo, 1996.

DUHIGG, C. O Poder do Hábito. Editora Objetiva. Rio de Janeiro, 2012.

FERREIRA, A.B.H. MINI AURÉLIO. 6ª Edição. Editora Positivo. Curitiba, 2005.

FERREIRA, A.B.H.; Mini Aurélio. 6ª Edição. Editora Positivo. Curitiba. 2005

FRANK, V.E. Em Busca de Sentido. 33a. Edição. Editora Vozes. Rio de Janeiro, 2008.

G1, São Paulo. Brasileiros têm 52 milhões de cães e 22 milhões de gatos, aponta IBGE. 02 Jun. 2015. Disponível em: http://g1.globo.com/natureza/noticia/2015/06/brasileiros-tem-52-milhoes-de-caes-e-22-milhoes-de-gatos-aponta-ibge.html. Acesso em: 15 Jul. 2015.

G1, São Paulo. Desemprego no Brasil chega à maior taxa da série histórica do IBGE. 21 Abr. 16. Disponível em: http://g1.globo.com/jornal-da-globo/noticia/2016/04/desemprego-no-brasil-chega-maior-taxa-da-serie-historica-do-ibge.html Acesso em: 19 Mai.16.

GIUBERTI, A.N.; MENEZES-FILHO, N. Discriminação de rendimentos por gênero: uma comparação entre o Brasil e os Estados Unidos. Econ. Apl. vol.9 no.3 Ribeirão Preto July./Sept. 2005. Versão Online ISSN 1980-5330:< http://dx.doi.org/10.1590/S1413-80502005000300002>.Acesso em 17 mai.2016.

GOLEMAN, D. (PhD). Inteligência Emocional. 10a. Edição. Ed. Objetiva. Rio de Janeiro. 2005.

GOLEMAN, D. Phd. FOCO. Editora Objetiva. Rio de Janeiro, 2013.

HEMP, Paul. Death by Information Overload: New research and novel techniques offer a lifeline to you and your organization. Harvard Business Review, n. 9, p. 82-89. set. 2009. Disponível em: http://static.capitalize-on-change.com/Global/pdfs/Contributors'%20Content/Death%20by%20Information%20Overload.pdf . Acesso em: 19 mai 2014.

HITE, SHERE; Sexo & Negócios. Editora Bertbrand Brasil. Rio de Janeiro. 2001.

KAMIA, M. Motivação sem truques. Editora Alta Books. Rio de Janeiro, 2014.

Kiley, Dan. Síndrome de Peter Pan. 11ª Edição. Editora Melhoramentos, 1987.

KOVÁCS, M. J. Morte e Desenvolvimento Humano. 3ª Edição. Ed. Casa do Psicólogo. São Paulo, 1992.

LOBOS, J.; Amélia, Adeus. Editora Instituto de Qualidade. São Paulo, 2003.

LOFTUS, P.; JONES, L. Organize melhor o seu tempo. Editora Laselva. São Paulo, 2010.

LOWEN, A. Bioenergética. 10ª. Edição. Editora Summus. São Paulo, 1982.

LOWEN, A. Medo da Vida. 9ª Edição. Ed. Sumuus. São Paulo, 1986.

MANKTELOW, J. Você Sabe Administrar o seu Tempo? Editora Senac. São Paulo, 2009.

MARTINS, J. M.; A Lógica das Emoções: na ciência e na vida. Editora Vozes. Rio de Janeiro. 2004.

MARTINS, L.; Entre 46 países o Brasil é o que tem maior diferença salarial entre homens e mulheres. Jornal O ESTADO DE S.PAULO. 24.Nov.2015. Disponível em http://brasil.estadao.com.br/noticias/geral,entre-46-paises--brasil-e-o-que-tem-maior-diferenca-salarial-entre-homens-e-mulheres,10000002751 . Acesso em 16. Jan. 2016.

MARTINS, V. Seja Assertivo! Editora Elsevier. Rio de Janeiro, 2005.

McGONIGAL, K. (PhD). Os Desafios à Força de Vontade. Editora Objetiva. Rio de Janeiro, 2013.

MINARELLI, J.A.; NETWORKING: como utilizar a rede de relacionamentos na sua vida e na sua carreira. Editora Gente. São Paulo, 2001.

MONTOYA, P.; VANDEHEY, T. A marca chamada você. Editora DVS. São Paulo, 2010.

MOTTA, F., CALDAS, M. (Org.) Cultura organizacional e cultura brasileira. São Paulo : Atlas, 1997.

O'CONNOR, J. Liberte-se dos Medos. Editora Qualitymark. Rio de Janeiro, 2013.

OLIVEIRA, T. M. O Psicanalista Diante da Morte. Ed. Mackenzie. São Paulo, 2001.

PEASE, A.; PEASE, B. Por que os homens fazem sexo e as mulheres fazem amor? Editora Sextante. Rio de Janeiro, 2000.

PINKER, S. The Sexual Paradox: Men, Women and the Real Gender Gap. Ed. Scribner, USA. 2008.

RATEY, Dr. J.J.; HAGERMAN, E. Corpo ativo, mente desperta. Editora Objetiva. Rio de Janeiro, 2012.

ROBBINS, S.P.; Comportamento Organizacional. 9a Edição. Editora Pearson Prentice Hall. São Paulo, 2002.

SAMTEN, P. A Joia dos Desejos. Ed. Petrópolis. São Paulo, 2001.

SANTOS, T.S. Carreira Profissional e Gênero: a trajetória de homens e mulheres na Medicina. Universidade Federal do Rio Grande do Sul. Instituto de Filosofia e Ciências Humanas – Departametno de Sociologia. 2004.

SPIRA, Jonathan B.; FEINTUCH, Joshua B. The Cost of Not Paying Attention: How Interruptions Impact Knowledge Worker Productivity. Nova Iorque: Basex, 2005. Disponível em: http://iorgforum.org/wp-content/uploads/2011/06/CostOfNotPayingAttention.BasexReport1.pdf Acesso em: 12 out 2013.

VIORST, J. Perdas Necessárias. 3ª. Edição. Ed. Melhoramentos. São Paulo, 1988.

ZENGER, J.H.; FOLKMAN, J.R.; SHERWIN JR, R.H.; STEEL, A.R. A Estratégia dos Pontos Fortes. Editora Saraiva. São Paulo, 2013.

ZUFFO, J.A. A sociedade e a Economia no Novo Milênio. Livro II – Macoreconomia e Empregos. Ed. Manole. São Paulo, 2003.